BIBLIOTHÈQUE MORALE

In-8° Troisieme Série.

Tout exemplaire qui ne sera pas revêtu de ma griffe sera répu'é contrefait et poursuivi conformément aux lois.

Ch. Barbier

MŒURS DE L'AFRIQUE

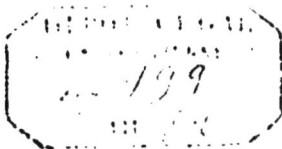

MŒURS

DE L'AFRIQUE

PAR

BÉNÉDICT-HENRY RÉVOIL

LIMOGES

ANCIENNE MAISON BARBOU FRÈRES

CHARLES BARBOU, IMPRIMEUR-ÉDITEUR

Avenue du Crucifix.

MŒURS DE L'AFRIQUE

ASSIÉGÉ PAR UN RHINOCEROS

Jusqu'au commencement du siècle dernier, le rhinocéros, qui est, après l'éléphant, le plus puissant des animaux, a été presque inconnu en Europe. Le premier qui ait paru est celui dont Pline le Jeune fait mention en racontant quand et comment il fut présenté au peuple romain par Pompée.

Auguste, si l'on s'en rapporte aux récits de Dion Cassius, en fit tuer un autre dans le cirque, lorsqu'il célébra son triomphe sur Cléopâtre. Sous Domitien, on amena à Rome deux rhinocéros qui firent l'étonnement de la population et dont les médailles de cet empereur portèrent l'effigie.

En 1553, un rhinocéros fut envoyé de Judée au roi de Portugal Emmanuel ; celui-ci l'adressa au pape, mais il périt en route avec le bâtiment qui le portait. En 1685, on conduisit un de ces animaux en Angleterre, et en 1739 et en 1741 on vit dans plusieurs royaumes d'Europe deux de ces pachydermes promenés par des montreurs de bêtes.

Depuis cette époque, les pachydermes de cette espèce ont été importés en Europe par de nombreux voyageurs, et l'on en trouve de très beaux spécimens dans les ménageries de toutes les grandes villes du monde civilisé.

Le rhinocéros parvenu à toute sa croissance a quatre mètres de long sur deux mètres environ de haut, et la circonférence de son corps est presque égale à sa hauteur. Il est très bas sur pattes ; sa tête tient à la fois du collo du cochon, du cheval et de la vache, car elle offre à l'observateur la forme de l'œil du premier de ces animaux, celle du naseau du second et de la lèvre inférieure du troisième. Cette bête sauvage se distingue par un organe qui lui est particulier, sa lèvre supérieure, qui s'allonge en pointe et remue à volonté : il s'en sert pour tordre des poignées d'herbages et pour arracher des racines. Cette lèvre sert au rhinocéros comme la trompe à l'éléphant ; sans elle, il serait privé du toucher.

La peau du pachyderme, dépourvue de poil,

est si rude et si épaisse qu'il ne peut la froncer
et qu'il aurait peine à se mouvoir si la nature
n'avait ménagé de gros plis à divers endroits,
comme jadis on laissait des ouvertures dans
les armures de fer des anciens chevaliers.

Le nez du rhinocéros est armé d'une corne
redoutable, légèrement recourbée en arrière.
Cette corne lui sert à se défendre, à labourer la
terre pour en tirer les racines dont il fait sa
nourriture, ou bien pour déraciner les arbres.

Avec tant de force et d'avantages, l'animal
dont il s'agit dans cet article serait un des plus
redoutables de la création, s'il n'en était en
même temps un des plus pacifiques. Comme
tous les herbivores, il ne devient furieux que
lorsqu'il est attaqué, et lorsque la faim le
presse. On le voit alors bondir avec fureur,
s'élancer en sauts impétueux et se précipiter
droit devant lui avec une si grande vitesse qu'il
renverse tout ce qui s'oppose à son passage :
s'il atteint son ennemi, il le foule aux pieds
avec rage ; s'il le manque du premier coup,
il ne peut revenir sur ses pas, emporté qu'il
est par l'impétuosité de sa course.

Le rhinocéros est d'une intelligence bornée,
d'un caractère brusque et intraitable. Tantôt
il a la douceur, l'indifférence de l'idiotisme ;
tantôt il se livre à des accès de fureur que
rien ne peut calmer. Cette masse immense
devient alors d'une effrayante légèreté ; elle

1.

franchit un espace à peine croyable d'un seul
bond, se livre à droite ou à gauche à des
mouvements désordonnés et s'élève à une
hauteur considérable. En résumé le rhinocéros
est farouche, indomptable; il est féroce par
stupidité, capricieux sans motifs et irritable
sans sujet. Il est solitaire et sauvage : on le voit
rarement en compagnie. Il suit de préférence le
bord des fleuves et se roule avec délices dans la
vase des marécages, comme pour mieux
amollir le cuir qui le couvre. Il se nourrit de
plantes grossières, de genêts, d'arbustes
épineux, de racines et de feuillages, et con-
somme près de quatre-vingts kilos de nourriture par jour, en buvant une quantité d'eau
considérable.

Les Indiens donnent la chasse aux rhinocéros, non seulement pour avoir sa peau,
— dont ils font des boucliers impénétra-
bles, — mais encore pour s'emparer de sa
corne qu'ils estiment beaucoup. Ils s'ima-
ginent qu'une coupe faite avec cette matière
possède la vertu de détruire les effets du poison
qu'on y aurait versé, et qu'une liqueur qu'on
y dépose acquiert des propriétés miraculeuses
pour guérir un grand nombres de maladies.
Comme cet animal aime beaucoup la canne
à sucre, le maïs, le sorgho et autres plantes
cultivées, il se jette, la nuit, dans les champs
et y fait d'énormes dégâts. Les chasseurs,

ayant remarqué qu'il suit à peu près la même route pour sortir ou rentrer chaque nuit dans son fort, creusent des fosses sur son passage, et comme l'animal est plus stupide que rusé, il tombe facilement dans le piège. On l'assassine alors à coups de fusils, de flèches ou de lances.

Les ossements fossiles antédiluviens ont révélé aux savants l'existence de plusieurs espèces perdues de rhinocéros. Cuvier, l'une des gloires de la France, a découvert et prouvé que ceux trouvés à plus ou moins de profondeur sous terre, en Sibérie, en Allemagne, en Angleterre, étaient des ossements de rhinocéros. En 1771, on trouva enseveli dans les sables, sur les bords du Wilusi, en Russie, le cadavre de l'un de ces animaux parfaitement conservé. La chair et les poils étaient intacts. Ces faits extraordinaires et incontestables donnent à penser qu'avant le déluge les rhinocéros de haute taille étaient fort répandus sur la surface de l'Europe; la fourrure dont on a trouvé les traces indique qu'alors ils pouvaient vivre dans un climat froid. Aujourd'hui, on ne rencontre plus le rhinocéros que dans les climats brûlants de l'Inde ou du sud de l'Afrique.

Nous transporterons donc nos lecteurs dans les contrées du Bogo, dans l'Afrique centrale, pour leur raconter une chasse dont un de nos amis nous a apporté le récit:

« Un soir, le domestique de notre camp vint nous prévenir qu'il avait découvert un *spoor groed one horn skellum* — lisez : la piste d'un gros coquin de rhinocéros — dans les fanges d'un marécage nommé Hollow Spring. Ce devait être, suivant la façon de voir du négrillon, un énorme mâle de toute venue, un vrai gibier de chasseur.

« — Vous avez là une chance excellente pour faire un début grandiose, me dit mon compagnon de voyage, M. Davidson, un Anglais ayant passé déjà dix ans sous le ciel brûlant africain et qui était blasé sur toutes les aventures de ce genre. Prenez une de mes carabines à deux coups, une poignée de mes balles explosibles, et partez. Bonne chance ! Je vais vous accompagner, ne fût-ce que pour jouir de votre triomphe. D'ailleurs vous courriez les plus grands dangers en vous aventurant tout seul dans ces buissons épais. Notre négrillon viendra avec nous. C'est bien le diable si nous ne mettons pas par terre la bête brute qui a été assez audacieuse pour se risquer si près de nous !

« Nous achevâmes notre souper, et, après avoir fait nos préparatifs, nous nous mîmes en route, éclairés par un superbe clair de lune. Le négrillon nous emmena à l'endroit même où nous devions nous poster à l'affût, mais la nuit s'écoula sans que rien passât à la portée de nos armes à feu. Le soir suivant, nous revînmes encore à la même place; le résultat fut le même. Mon camarade se dépita et prétendit que le négrillon s'était moqué de nous.

« — C'est bien, pensai-je à part moi; je n'abandonne pas la partie; je reviendrai seul. »

« Il faut vous dire que le *Hollow-Spring* où le rhinocéros venait se désaltérer et s'ébaudir dans la boue était situé à deux lieues de notre campement, au fond d'une vallée profonde et d'un aspect des plus sauvages. L'étang s'y trouvait adossé du côté gauche à la base d'une muraille de rochers taillés à pic, du haut desquels on pouvait très bien dominer la situation et être en parfaite sûreté.

« Lorsque tout le monde fut couché dans le campement, je me glissai doucement hors de la tente, et m'en allai en emportant la carabine à deux coups de mon ami, avec les balles explosibles à pointes d'acier dont j'avais besoin pour tirer sur la bête. J'avais adopté un coussinet à la crosse du fusil, afin d'amortir les effets du recul.

« Je sortis de l'enceinte avec les plus grandes précautions et me jetai à travers bois, sans me soucier des épines qui me déchiraient les mains et le visage, car le *chapparal* africain semble hérissé d'hameçons et de lames de canif bien faits pour déchiqueter la peau de ceux qui se risquent à le traverser. Les Anglais appellent ces ronces les *Wait a bit*, ce qui veut dire: Attendez un peu. En effet il faut aller doucement, afin de ne pas sortir en pièces du bois où l'on s'est empêtré.

« Bref je parvins après bien des efforts à l'endroit où je devais attendre le passage du monstre. Là je m'aperçus seulement que j'avais perdu le coussinet de ma carabine. Il était impossible de songer à retrouver cet appendice. Je suppléai à cette perte par un coussinet de mon invention : mon mouchoir rempli d'herbes sèches.

« La lune venait de se lever au dessus des astres, lorsque j'entendis un trot bruyant dans le lointain. J'étais immobile et je prêtais l'oreille: on eût dit qu'un éléphant faisait retentir le sol sous ses pas; seulement sa course était plus rapide. Il ne me fallut pas attendre bien longtemps pour apercevoir une masse roulante qui se tenait à cinquante pas de l'autre côté du Hollow-Spring.

« Je visai rapidement et je pressai la détente. Mais le recul de l'arme à feu de mon ami fut tel qu'il me sembla, pendant quelques instants, que j'avais l'épaule démise.

« Lorsque je pus me rendre compte de la situation et que je jetai les yeux autour de moi, j'entrevis le rhinocéros à cinq mètres, se précipitant à ma rencontre, la tête baissée, sa corne pointue prête à m'embrocher. La position était perplexe: je n'avais que deux partis à prendre, ou de me jeter à l'eau, au risque de me noyer, ou de me hisser sur un arbre ; c'est à ce dernier moyen que j'eus recours.

« Avec la souplesse d'un acrobate, je sautai et je saisis une forte branche d'arbre qui se projetait hors du tronc d'un chêne moussu, et en peu d'instants j'eus atteint un endroit assez élevé pour défier les attaques de l'animal, qui cherchait à entamer l'écorce de l'arbre dans lequel je me tenais immobile.

« Je savais bien que la bête brute ne parviendrait jamais à déraciner le chêne, mais les secousses qu'elle imprimait à ce tronc vermoulu me faisaient redouter une chute. Le rhinocéros, lorsqu'il fut convaincu que je défiais son attaque, se mit à creuser la terre avec ses ongles et sa corne: j'avoue que j'avais peur.

« Je me trouvais réellement engagé dans une aventure du nombre de celles qui sont racontées par les grands voyageurs, aventures qui vous intéressent quand on en lit les récits, mais qui offrent moins d'agrément lorsqu'on en est le héros.

« Ma carabine était restée par terre et je me voyais sans défense: je n'avais, hélas! pas la moindre corde sur moi pour essayer de

« pêcher » mon arme et l'amener jusqu'à moi. Il fallait donc attendre.

« — Peut-être, me disais-je, ce maudit animal se lassera-t-il et rentrera-t-il dans le bois; je profiterai alors de cet abandon pour descendre et pour reprendre ma carabine : qui sait si je ne pourrai pas aussi me jeter dans le fourré et disparaître à ses regards ? »

« Mais la bête en furie ne me paraissait pas disposée à abandonner ainsi une vengeance qui lui paraissait certaine. La nuit s'écoula de la sorte, mais d'une longueur sans pareille dont les minutes me semblaient avoir la longueur des heures.

« Tout à coup j'entendis une détonation au milieu du fourré, à une très petite distance de l'arbre sur lequel je me tenais perché. J'appelai à mon aide et je vis bientôt, à ma grande joie, mon camarade et ami qui me regardait en éclatant de rire.

— J'arrive à propos, me dit-il, pour vous délivrer du siège que vous subissiez. Votre ennemi est mort, mon cher; j'ai trouvé sur sa peau la trace de votre balle qui n'avait pas éclaté; mon coup a été plus heureux: je lui ai fait à la tête une crevasse où l'on passerait le poing et il est tombé foudroyé. Allons! mon bon, ce sera votre tour une autre fois. Je m'estime heureux de vous retrouver vivant : votre escapade vous apprendra qu'en ce pays on ne doit jamais s'aventurer seul. »

« J'avouerai, ajoutait le narrateur dont j'ai retracé la périlleuse rencontre avec un rhinocéros, que depuis ce temps-là je me le suis tenu pour dit. »

LE PYTHON DU LAC FEZZARAH

———

Depuis le serpent de Régulus qui désolait les marais des possessions carthaginoises, en Afrique et qui fut tué par cet audacieux chasseur de l'antiquité, on ne connaissait pas, sur les domaines conquis par la France, et sur les possessions barbaresques, de monstre qui rappelât celui dont l'histoire nous avait gardé le souvenir.

Ce que les anciens appelaient des monstres, des dragons, des divinités même, étaient tout simplement d'énormes ophidiens venus on ne sait d'où, — des déserts libyens, sans doute, qui leur servent de demeure habituelle, car personne n'ignore que le serpent, à quel-

que espèce qu'il appartienne, redoute le froid
qui l'engourdit et ne se remue, n'agit et ne se
montre redoutable, que dans les pays équato-
riaux.

Il y a des serpents dans toutes les parties
du monde, mais chaque grande division ter-
restre semble avoir ses variétés distinctes.
C'est ainsi que les serpents pythons se rencontrent en Asie et en Afrique ; les boas dans
l'Amérique du Sud ; les crotales ou serpents à
sonnettes et beaucoup d'autres espèces veni-
meuses, dans les deux vastes continents de
l'Amérique du Sud et de l'Amérique du Nord.

Il est de ces animaux qui recherchent les
endroits boisés, couverts, humides ; il en est
d'autres qui ne se plaisent que parmi les sables
brûlés par la chaleur solaire. Les espèces à
venin sont plutôt communes dans les endroits
dénudés, chauds et secs, que dans les lieux
froids et humides. Enfin quelques serpents
vivent seulement sur le bord de l'eau et au
sein des mers de tous les coins du monde.

Du nombre de tous les ophidiens, le plus
grand, le plus monstrueux est le python dont
la longueur varie de cinq à six mètres et la
grosseur de quarante à cinquante centimètres
de circonférence.

La tête de ces serpents géants est d'une forme
triangulaire, leurs yeux dépourvus de paupières paraissent immobiles, ce qui donne à

leur regard cette fixité à laquelle on a long-temps attribué un pouvoir fascinateur sur les animaux et les oiseaux qui passent à leur portée. La bouche très grande de ces reptiles, est, en outre, très dilatable, à cause d'une disposition particulière des muscles et des nerfs qui font mouvoir les mâchoires. Celles-ci sont armées de dents aiguës — et chez plu-sieurs espèces, de dents creuses ou crochets renfermant le venin. La langue est longue, très extensible, mais ne lance jamais le venin, comme on se l'est trop longtemps imaginé.

Les ophidiens se nourrissent presque tous de proies vivantes et engloutissent dans leur gueule des animaux toujours plus gros qu'eux-mêmes. Mais avant de les avaler, ils les brisent en les enserrant dans les redouta-bles replis de leur corps, les broient, les rédui-sent pour ainsi dire en une pâte qu'ils humec-tent de leur bave gluante. Pendant leur diges-tion, ils tombent dans une sonnolence léthargique qui les prive d'une manière absolue de leurs moyens d'attaque et de défense.

C'est ce moment que les nègres choisissent pour tuer les plus grands de ces reptiles en leur passant un lacet autour du cou et en les suspendant à un arbre. Ils les ouvrent alors du haut en bas afin de leur arracher la peau, comme ils le feraient à une anguille, ils les dépècent et se nourrissent de leur chair.

Cet état de léthargie temporaire se produit chez les serpents à l'époque de leur repas, époque qui se représente au plus deux fois par mois, et ensuite pendant la mauvaise saison, qui est l'hiver dans nos climats du nord, et celle des pluies, sous la zone torride. Certains de ces animaux passent alors leur temps dans la vase où ils restent enfouis, ou bien cachés dans quelque retraite obscure, souvent seuls, mais plus fréquemment enlacés les uns sur les autres.

C'est quelque temps après leur réveil qu'ils donnent naissance à leurs petits, qui voient le jour, selon les espéces, tantôt tout formés, tantôt sortant des œufs que la chaleur du soleil fait éclore.

A une force réellement prodigieuse les grands ophidiens joignent une extrème agilité, car ils grimpent aux arbres, s'élancent d'un bond sur leur proie, et, pour guetter, surprendre les gazelles ou autres animaux qu'ils convoitent, s'enroulent sur eux-mêmes, se rapetissent et réduisent considérablement leur volume. Tout à coup, lorsque le moment leur paraît favorable, ils se détendent comme un ressort d'acier fortement tendu, et s'élancent à une distance considérable, ou à une grande hauteur.

Ce qui précéde m'a paru intéressant pour arriver au récit de l'énorme serpent qui vient d'être tué sur les bords du lac Fezzarah, une des plus vastes nappes d'eau qui se trouve entre l'Algérie et la Tunisie.

Depuis longtemps les Arabes pasteurs, qui bivouaquaient sur les bords du lac, se plaignaient de la disparition d'agneaux et de chevreaux qui manquaient à l'appel, le soir, quand on comptait les têtes du cheptel.

Un matin, un jeune nègre vint, tout effaré, raconter à son maître sidi Abdel-Aram, qu'il avait vu une grosse bête emporter sur les eaux du Fezzarah un agneau, qui était venu au monde la nuit précédente.

Quel pouvait être cet animal? On se mit en embuscade et l'on aperçut le troisième jour un énorme python qui maraudait dans les joncs du palud qui entoure le lac, en quête de quelques couvées de canards, voire même d'œufs à couver, ou déjà couvés.

Comment faire pour s'emparer du serpent, car c'était infailliblement lui qui dévastait le pays et diminuait les têtes de bétail ?

Le tuer à coups de fusil paraissait très difficile et il y avait de nombreuses chances d'être broyé et meurtri, sinon étouffé par l'horrible ophidien.

Le chef arabe, sidi Abdel-Aram recourut à un moyen plus sûr et qui peint bien les mœurs de ces populations superstitieuses.

Deux indigènes, réputés grands charmeurs

de serpents, c'est-à-dire ayant reçu de sidi Aïssa le don d'invulnérabilité, et de toute-puissance à l'endroit des reptiles les plus terribles, s'éloignèrent un matin du douar, munis, l'un d'une flûte en roseau, l'autre de son biniou arabe. Ils se dirigèrent vers le lac de Fezzarah, n'emportant pas d'autres armes que ces instruments obligés de leur profession.

Le soleil commençait à darder des rayons perpendiculaires mais doux, quand ils parvinrent dans le voisinage d'une haie profonde où le serpent avait été vu, cinq jours auparavant.

Une multitude d'oiseaux aquatiques des plus variés s'ébattaient sur ces eaux calmes et profondes, mais le bruit de ces pas insolites provoqua un plongeon immédiat, et une volée rapide chez toute la gent palmipède.

Les deux Arabes, après une brève invocation à leur patron Sidi Aïssa, approchèrent de leurs lèvres leurs instruments de musique et firent retentir l'espace de cette mélodie rêveuse et monotone, particulière aux peuples restés dans l'enfance de l'art.

Soudain un remous se forma à la surface de l'onde ; il s'étendit, s'élargit encore et les virtuoses continuèrent à souffler avec plus de force et à longer le rivage dans la direction du mouvement qui s'opérait sur l'eau.

A un moment donné, ils aperçurent au milieu du tourbillon un bec de canard, puis le palmipède tout entier : il était suivi de trois autres de ces volatiles, de deux flamants et de plusieurs grèbes cornus.

Grande fut la désillusion des charmeurs, mais ils n'en continuèrent pas moins à souffler.

Les deux Arabes étaient-ils pénétrés de l'histoire d'Orphée apprivoisant les animaux féroces ? Avaient-ils une foi absolue dans leur invocation à Sidi Aïssa ? Etaient-ils simplement sûrs, par expérience, du charme de leurs mélodies ? quoi qu'il en fût leurs désirs se réalisèrent.

Tout à coup une tête longue et triangulaire, large et plate, surmontée de deux yeux ronds et flamboyants, émergea lentement de l'onde. Il n'y avait pas à s'y méprendre : c'était bien la tête d'un serpent qui devait être gigantesque ; mais le corps restait caché et rien ne faisait présumer qu'il allait sortir de l'eau. Ce n'était ni plus ni moins qu'un monstre livré à l'extase et se tenant immobile, par cette même raison.

Un des joueurs arabes, eut alors l'idée d'éloigner quelques instants la flûte de ses lèvres et se penchant à l'oreille de son camarade, il lui dit :

— Retirons-nous un peu du rivage, de cette façon le serpent viendra sur la terre.

En effet, ils avaient à peine fait vingt pas à reculons, tout en jouant de leurs *syrinx* que le reptile à qui les sons n'arrivaient plus que graduellement affaiblis, s'ébranla, traçant un large sillon écumeux et dévoilant parfois une partie de son énorme corps. Il arriva ainsi jusqu'au bord et s'arrêta, semblant résolu à ne pas quitter son élément habituel.

Les deux Arabes, firent halte pour reprendre haleine ; puis, un moment après, sentant leurs poumons ravivés, ils reprirent leur marche à pas lents en continuant leur improvisation musicale.

L'hôte du lac Fezzarah comme sollicité par une force irrésistible et magnétique, développa ses nombreux replis et terrifia les adeptes de Sidi Aïssa par la vue de ses proportions colossales.

Ils se disposaient déjà à se dépouiller de leurs vêtements et particulièrement de leur burnous qu'ils voulaient jeter sur la tête du python, lorsqu'un coup de feu retentit.

Ils se retournèrent et virent un Européen qui relevait une carabine. La fumée qui sortait du canon leur fit comprendre que ce chasseur était l'auteur de cette tentative qui pouvait leur être fatale.

Par bonheur, le serpent avait fait volte face et s'était rapidement reployé dans les eaux du lac. L'absence de toute trace de sang prouvait que l'ophidien n'avait point été atteint.

Après avoir maugréé quelques instants contre le « chien de chrétien » qui avait dérangé leurs plans, les deux Arabes revinrent au douar et racontèrent à Sidi Abdel-Aram ce qui s'était passé.

Celui-ci, après les avoir écoutés avec la plus grande attention, leur dit que comme ils avaient réussi à faire sortir des eaux le python qui décimait ses troupeaux, il allait songer à organiser une partie de chasse, dont ils seraient les chefs, se réservant, lui, de terminer en drame la petite opérette qui en serait le prélude.

Dix jours après cet événement, Sidi Abdel-Aram, accompagné des deux Arabes, qui n'avaient pas oublié leurs instruments, partit en excursion de chasse avec trois de ses parents, les plus habiles tireurs de son douar. Ils avaient pris leurs armes de précision, des carabines anglaises achetées par eux à Tunis, dans le grand bazar de la ville.

Arrivés sur les bords du lac Fezzarah, toute la petite troupe explora les abords du marécage et finit par découvrir les traces récentes du sillage du grand python, dans la boue et au milieu des roseaux.

Les trois tireurs se placèrent dans des embuscades naturelles, l'un derrière le tronc d'un grand figuier; l'autre à l'abri d'une roche; le troisième dans un trou qu'il se creusa dans le sable.

Lorsque tous ces préparatifs furent termi-
nés, Sidi Abdel-Aram donna le signal.

Les deux joueurs de flûte et de biniou, com-
mencèrent alors leur incantation. Une heure
s'écoula, pendant laquelle aucun mouvement
ne se fit sur la surface du lac dont les eaux
étaient à peine ridées par le souffle de la brise.

Tout à coup, sur la gauche de la baie, du
côté où Sidi Abdel-Aram se tenait caché, un
remous violent se manifesta; une tête mons-
trueuse surgit violemment au niveau de l'élément agité. C'était le python géant qui accou-
rait au bruit mélodieux des deux instruments
dans lesquels soufflaient les disciples de Sidi
Aïssa.

Comme la première fois, les deux Arabes
pour amener le serpent sur la terre, s'éloignèrent lentement et le grand ophidien sortit du
marécage, ondulant et balançant sa tête à deux
mètres au dessus du sol.

Il se trouvait à peu de distance des trois
tireurs qui se levèrent tout à coup et firent feu
simultanément.

Le monstre frappé en plein corps par six
chevrotines, vacilla un instant, fit un bond terrible et tomba lourdement par terre, se livrant
à des convulsions vertigineuses.

Il se raidit enfin; il était mort.

Les heureux vainqueurs du Python de Fezzarah purent alors s'approcher sans danger,

et contempler leur victime. Le reptile mesurait cinq mètres de la tête à la queue et son corps avait soixante-trois centimètres de largeur.

La dépouille de cet énorme serpent, convenablement séchée et bourrée de fougères, a été portée il y a un mois au marché de Tunis et achetée par un Anglais qui veut en faire hommage au « Zoological Garden » de Londres.

———

LES VAMPIRES

—

Parmi les plus hideux animaux de la création, au nombre de ceux dont le contact répugne le plus à l'homme, citons la chauve-souris, les « phillostomes » de nos classificateurs d'histoire naturelle. Mais si cette bestiole que l'on connaît en Europe inspire la répulsion, que doit-on dire de l'espèce géante, de celle qui est aussi grosse qu'une poule, et dont les ailes ouvertes mesurent de soixante à soixante-dix centimètres d'envergure?

Cette race-là se nomme l'*Andira Guacu* de Carthagène, et en termes de savant le *Vampirus sanguisuga*, le vampire suce-sang. Le pelage de cette souris volante est d'un brun roux; sa feuille nasale est entière, moins large que haute, quoique élargie à sa base.

La Condamine, Pierre Martyn, Jumilla, Don Gorges Juan, Don Antonio de Ulloa, et plusieurs autres voyageurs savants semblent s'être donné le mot pour enchérir les uns sur les autres dans les relations qu'ils ont faites de ce terrible animal.

« Les chauves-souris, qui sucent le sang des mulets, des chevaux et même des hommes, dit La Condamine, — quand ceux-ci ne s'en garantissent pas à l'abri d'une maison, — sont un fléau commun à la plupart des pays chauds de l'Amérique du Sud. Il y en a de monstrueuses pour la grosseur. Elles ont entièrement détruit à Borja et en divers autres endroits le gros bétail que les missionnaires y avaient introduit et qui commençait à s'y multiplier. »

Buffon a cité ce passage, et Juan de Jumilla va plus loin que La Condamine:

« Ces chauves-souris sont d'adroites sangsues, s'il en fut jamais, qui rôdent toute la nuit pour boire le sang des hommes et des bêtes. Si ceux que leur état oblige à dormir par terre n'ont pas les précautions de se couvrir des pieds à la tête, ils doivent s'attendre à être piqués par les chauves-souris. Si, par malheur, ces *oiseaux* leur percent une veine, ils passent des bras du sommeil dans ceux de la mort, à cause de la quantité de sang qu'ils perdent, sans s'en apercevoir, tant leur piqûre est subtile, outre que, battant l'air avec leurs ailes, elles rafraîchissent le dormeur auquel elles ont dessein d'ôter la vie. »

L'*Audira Guacu* est très commun dans la Nouvelle-Espagne. On le voit suspendu aux grands arbres durant la journée, dans les endroits les plus obscurs et les moins fréquentés. Il va sans dire que tant qu'on en trouve sur son passage, tant on en tue, car les naturels n'ignorent pas le danger qu'ils courent, s'ils sont forcés de s'abriter pendant la nuit au milieu d'une forêt, pour ne point s'égarer dans leur route. En effet, malheur à l'imprudent qui s'endormira dans les environs de Carthagène ! Si personne ne veille sur lui, s'il est assez malheureux pour voyager seul, c'est-à-dire sans avoir un veilleur qui ne ferme pas les yeux et soit préposé, à la fois, à surveiller la route et à empêcher les *Audira Guacu* de se jeter sur leur proie facile, il est sûr de ne pas se réveiller le lendemain matin. Son cadavre servira de proie aux carnassiers qui infestent le pays.

Une fois repus du sang de leur victime, les vampires s'envolent à tire d'aile et retournent dans leurs tanières aériennes, sous les upas, ou à l'abri des grands manguiers au feuillage épais et impénétrable aux rayons du soleil.

L'*Audira Guacu* est très prolifique : comme

chez les rats, sa portée est de six à sept petits, et son nid se trouve placé dans les creux des rochers, à l'abri des atteintes des serpents et des reptiles, grands amateurs de ces proies d'autant plus faciles qu'elles peuvent moins se défendre contre eux.

Six mois après sa naissance, un vampire est aussi gros que père et mère et aussi vorace qu'eux deux.

Il y a quelque temps dans les environs de Carthagène, un riche haciendero du pays devait marier sa fille unique à un jeune homme de la ville, fils d'un employé supérieur du gouvernement. Le senor Moralés, c'était le nom du fiancé, faisait depuis deux ans une cour assidue à Dona Manuelita y Alfandera, qui lui avait ouvert son cœur, avec le consentement de son père et de sa mère.

Tout allait pour le mieux dans ce monde heureux : les familles se convenaient, les amoureux étaient parfaitement assortis l'un pour l'autre, et deux fois par semaine José Moralés, monté sur un cheval de race, franchissait la distance qui séparait la ville du Rancho de Canovas pour passer la soirée avec sa bien-aimée. Le lendemain matin, il reprenait le chemin de Carthagène où l'appelaient ses fonctions gouvernementales.

L'union des deux *afficionados* devait avoir

lieu le 15 août 1879, dans l'église du village
de Canovas et le « padre » était déjà prévenu.
Tous les présents d'usage avaient été offerts
par le jeune homme à l'héritière des Alfanderas. Il n'y avait plus que le *reboso* de dentelle
qui manquait sur le marché de Carthagène et
que l'on attendait par un navire venant d'Europe où il avait été commandé.

Le *reboso*, autrement dit la mantille sans
laquelle toute *nina* espagnole ne peut se coiffer,
était envoyé de Madrid par un marchand de
premier ordre, qui s'était lui-même adressé à
Valenciennes pour obtenir un objet de valeur
et d'un dessin entièrement nouveau.

La senorita Manuelita avait été prévenue
que son *reboso* était en route, et qu'il arriverait
à point pour le jour de la noce.

Mais les promis proposent et les vents dis-
posent, si bien que le 14 septembre au matin le
navire *Cerro Gordo* n'était pas même en vue
de la rade.

Que faire? quel parti prendre ? Se marier
sans le *reboso* indispensable était chose impossible. Fallait-il se contenter des dentelles plus
qu'ordinaires et sans valeur, que les mar-
chands de Carthagène offraient à José Moralès ?

Celui-ci dépêcha un courrier à l'hacienda
des Alfanderas, afin de prier sa fiancée de ne
point l'attendre avant le milieu de la nuit. Il

2.

devait rester à Carthagène jusqu'après le coucher du soleil, afin d'être certain que le *Cerro Gordo* n'était pas signalé.

Mes lecteurs comprendront l'anxiété de ce pauvre *patito* qui n'avait qu'un seul désir: celui d'être agréable à celle qu'il aimait, et de la rejoindre au plus tôt. Hélas! il était enchaîné loin d'elle, car il fallait à toute force lui porter ce fichu de dentelle rêvé et désiré depuis deux mois.

Le soleil venait de descendre derrière l'horizon, quand, aux lueurs du crépuscule, une colonne de fumée se développa dans le ciel et l'on vit poindre les mâts, puis la coque, d'une énorme construction navale.

La vigie du sémaphore carthagénois signala bientôt le tant souhaité *Cerro Gordo*.

Héler un batelier, sauter dans son embarcation, tout cela fut l'affaire de quelques minutes pour le bon José Moralès. Son but était d'accoster le navire, de réclamer le paquet à son adresse et de monter à cheval aussitôt, afin de se rendre où son cœur l'appelait.

José fut servi à souhait. Le capitaine du *Cerro Gordo* donna des ordres pour que l'on remit au jeune fiancé la boîte qui lui était destinée, et avant que les formalités de la douane fussent remplies, que le vapeur eût jeté l'ancre, le cheval de José Moralès, lancé à fond de train, volait comme le vent sur la route qui conduisait au Rancho de Canovas.

Tout alla bien pendant une heure: à peine la bonne bête avait-elle cru devoir reprendre haleine à deux courtes reprises. José la laissait respirer, puis il piquait des deux de nouveau.

Il atteignit ainsi l'entrée d'une forêt d'une lieue de large qu'il lui fallait traverser pour atteindre la plaine au milieu de laquelle s'élevait le canon à l'extrémité duquel étaient bâties les constructions de l'hacienda des Alfanderas.

Tout à coup, sans que rien pût faire prévoir ce qui arrivait, le cheval de José butta contre un tronc d'arbre abattu par le vent, au travers de la route. Le pauvre garçon fut lancé en avant et sa tête alla heurter un talus couvert de mousse, — heureusement. Le coup l'étourdit et le laissa sans connaissance, à quelques pas de la bête qui s'était démis le garrot et se trouvait, par conséquent, impropre à tout service.

Lorsque José reprit l'usage de ses sens, il comprit le désagrément de la situation dans laquelle il se trouvait; après s'être tâté et s'être assuré qu'il n'avait rien de cassé et que, seul, son bon cheval était grièvement atteint, il se demanda quel parti il devait prendre.

Il était minuit passé : s'aventurer à pied à

travers les méandres de la forêt n'était pas chose sûre; aussi José Moralès crut-il plus prudent de bivouaquer en attendant le point du jour.

— Dès que les premières lueurs de l'aube se montreront, se disait-il, je pourrai continuer ma route sans risque, et j'atteindrai bientôt le Rancho de Canovas.

Après avoir bandé la jambe du pauvre cheval avec son mouchoir de soie, José chercha quelques branches mortes, les amoncela sur le bord de la route et alluma un feu de bivouac afin d'éloigner les serpents et les carnassiers.

Puis s'enveloppant dans son *sérape*, — la couverture aux couleurs brillantes dont sont toujours munis les Espagnols en voyage. — il appuya sa tête sur sa selle dont il avait déchargé sa monture et se mit à rêver à sa chère fiancée dont il se trouvait éloigné par ce fatal accident.

Peu à peu le sommeil descendait sur ses paupières, et, sans songer au danger qu'il courait, José Moralès ferma les yeux.

Une demi-heure s'était à peine écoulée que l'on eût pu voir voltiger au dessus de la tête du dormeur trois énormes volatiles aux ailes déployées qui venaient de frôler la tête et les mains de l'imprudent voyageur.

C'étaient trois *audiras guacu* qui avaient

découvert une proie et accouraient pour se rassasier de sang humain.

L'une de ces chauves-souris, la plus grosse, s'abattit vers l'épaule droite de José Moralès, et son museau hideux s'enfonça entre la cravate et le col de chemise du jeune homme.

Deux secondes après les deux autres vampires attaquaient à leur tour les deux poignets de ce brave garçon.

Et, tandis qu'avec leur langue ils aspiraient le sang qui coulait des plaies ouvertes, les trois *audiras guacu* agitaient leurs ailes, comme pour rafraîchir le dormeur et l'empêcher de se réveiller.

Pendant que ce meurtre se consommait au milieu de la forêt, la gentille Manuelita se désolait dans la maison paternelle.

Elle maudissait la fantaisie qu'elle avait manifestée de posséder un *reboso* comme on n'en trouvait pas à Carthagène. Un voile de dentelle plus simple que celui qui venait d'Europe n'eût-il pas suffi? eût-elle été moins jeune, moins jolie, moins séduisante, avec des broderies inférieures à celles que lui avait promises son fiancé.

A la fin la peur s'empara de la charmante senorita; elle appela son père et le supplia de monter à cheval et de se faire suivre de quelques serviteurs pour aller à la rencontre de son futur.

Manoël ne se laissa pas prier: il aimait fort José Moralès, et il n'eût pas voulu, pour tout au monde, qu'un malheur arrivât à son beau-fils du lendemain.

Lancés au galop, Manoël et quatre *péones* parvinrent bientôt vers la bordure de la forêt et s'aventurèrent sur le chemin qui traversait cet épais fourré.

Ils aperçurent, peu de temps après, une lueur vacillante au milieu de la route: c'était celle du feu de bivouac allumé par Moralès.

Quelques enjambées rapides de leurs chevaux portèrent les cinq cavaliers sur le lieu du drame qui s'accomplissait en plein bois.

Il suffit d'un coup d'œil à Manoël pour comprendre ce qui s'était passé et le meurtre qui s'accomplissait sous ses yeux. Les vampires ivres de sang pouvaient difficilement se mouvoir; on les tua à coups de tisons enflammés.

Quant au fiancé de Manuelita, il ouvrait des yeux alanguis, et tout en reconnaissant Manoël son sauveur, il se sentait incapable de se mouvoir : le malheureux était exsangue, ou peu s'en fallait.

Les Indiens, qui portaient avec eux de

l'amadou pour battre le briquet, se hâtèrent
d'appliquer ces feuilles d'agaric sur les trois
plaies de la victime; puis, avec toutes les précautions possibles, ils transportèrent José sur
un brancard fabriqué à la hâte jusqu'à l'hacienda des Alfanderas.

Manuelita, à la vue de cette escorte funèbre,
tomba en syncope, et quand elle revint à elle,
ce fut pour apprendre, de la bouche même
du médecin du Rancho, que la vie de son
fiancé n'était pas en péril et qu'avec des soins,
de la bonne nourriture et du vin généreux il
reviendrait bientôt à la santé.

La noce fut forcément remise; mais elle eut
lieu vingt jours après et le bon José Moralés
bénit Dieu particulièrement ce jour-là de
l'avoir tiré d'un aussi mauvais pas.

CHASSES AUX AUTRUCHES

A quelle famille appartiennent les autruches? Les uns en font des« échassiers, » les autres les affilient aux « coureurs » et certains aux « gallinacés ». Les savants ne s'accordent pas entre eux. Pour moi une autruche est une autruche. Les Orientaux avaient donné à cet oiseau le nom d'*oiseau chameau*, et certainement l'élévation de ses jambes, la longueur de son cou et, en quelque sorte la forme de sa tête, la rapidité de sa course, tout, jusqu'aux lieux hantés par cette créature étrange, lui donne une ressemblance étrange avec le quadrupède du désert.

Aristote — pourquoi pas? — prétendait de son temps que l'autruche était partie oiseau, partie quadrupède. Ce qu'il y a de certain, c'est que l'autruche atteint quelquefois deux mètres de hauteur et peut peser jusqu'à quarante kilos. Elle a la tête petite, charnue et calleuse à la partie supérieure, garnie inférieurement de poils clairsemés, blancs et brillants, le bec droit, court et déprimé; l'orifice de l'organe de l'ouïe découvert et garni à l'intérieur de poils; les yeux grands et vifs; un cou mince, long d'un mètre environ et dont la peau, d'une couleur chair livide, n'est recouverte que de poils blancs et peu abondants. Les ailes sont hors de proportion avec le corps, et, outre leurs plumes flexibles et ondoyantes, elles sont pourvues chacune de deux piquants semblables à ceux du porc-épic. La queue est garnie de pennes dont la structure est la même que celle des ailes. Je passe maintenant à ses jambes recouvertes d'une peau épaisse et ridée, à ses pieds vigoureux garnis de grosses écailles et formés de deux doigts seulement, reliés ensemble, à la base, par une grosse membrane.

Le plumage chez le mâle est noir, strié de gris et de blanc; les grandes plumes des ailes et celles de la queue sont blanches. La femelle est brune ou d'un gris cendré, partout où le mâle est d'un noir éclatant. Elle n'a de plumes noires qu'à la queue et aux ailes.

La femelle pond dans le sable de vingt à

cinquante œufs gros comme un boulet allongé, qui pèsent de deux à trois livres. Dès que les petits sont éclos, ils se mettent à courir en quête de nourriture. Bien qu'ils n'aient pas encore de plumes, ils sont tellement agiles à la course qu'il est impossible de les attraper.

L'autruche est un animal d'une grande stupidité et d'une gloutonnerie exceptionnelle: on assure qu'elle mange le fer. Quoique sa chair soit visqueuse et nauséabonde, les Africains en mangent souvent. Les autruches vont par troupes dans le désert et les contrées sablonneuses. Leur aspect épouvante souvent les caravanes, parce qu'on les prend pour des hommes à cheval.

Certains auteurs ont prétendu que l'autruche était sourde ; il n'en est rien ; elle est au contraire douée d'une ouïe très fine. Une assertion erronée, c'est qu'elle est mauvaise mère : bien, au contraire, elle défend ses petits et les protége avec une grande sollicitude et beaucoup de courage.

Il est certain que, sous la zône brûlante, elle abandonne ses œufs pendant la journée, mais elle revient les couver pendant la nuit.

La chair de l'autruche est blanche et ressemble fort à celle du dindon. Les Romains la tenaient en grande estime. On raconte qu'un empereur romain — Caracalla — se fit servir une autruche à l'un de ses repas et qu'il la dévora en entier ; Héllogabale fit façonner un plat composé de six cents cervelles d'autruches.

Les œufs passent pour un mets divin, digne de Lucullus. On les mange à la coque ou en omelettes ; mais généralement on les vide, car ils servent aux Africains pour façonner des ornements qu'ils suspendent aux plafonds ou aux voûtes de leurs tentes ou de leurs habitations. D'aucuns même les emploient pour récipients à eau.

L'autruche aime à se baigner. Il y a de nombreux témoignages de ce fait qui, cependant, a été nié par quelques voyageurs.

J'ai parlé de la facile digestion de l'autruche. Rien n'est plus vrai, et pourtant la chose est très exagérée. Leur nourriture habituelle consiste en racines, en graines et en toute sorte de plantes légumineuses. C'est particulièrement la *narce*, sorte de bulbe jaunâtre qui croît dans le sable, dont la forme est celle d'un navet et dont les feuilles sont couvertes d'épines, qui est appréciée par ces oiseaux africains.

Cette racine, fort bonne à manger, a le goût d'amandes douces.

Lorsque l'autruche cherche des *narces* et les déracine, elle avale souvent des pierres comme le ferait tout autre animal qui en trouverait dans sa nourriture. C'est de là, sans doute, qu'est venue l'erreur si populaire et si profondément accréditée. Les autruches que l'on rencontre dans les ménageries ou les jardins publics sont très peu difficiles sur la nourriture et se contentent d'un mélange d'orge, de son et de choux. On en a vu dévorer, avec une sorte de plaisir, des copeaux qu'un menuisier avait laissés dans la cage qu'il venait de réparer.

Je passe maintenant à la chasse à l'autruche, chasse très intéressante à laquelle les Arabes s'adonnent avec passion. L'autruche poursuivie étend et ouvre ses ailes en courant, et semble — comme le dit Job dans l'Ancien Testament — défier le cheval et le cavalier. Elle a soin de jeter des pierres qu'elle soulève avec ses pattes pour arrêter la marche du chasseur.

Les Arabes chassent l'autruche à cheval, en tournant autour d'elle, pendant plusieurs heures, jusqu'à ce qu'ils parviennent à couper sa course.

D'autres fois, grâce à la rapidité de sa monture, l'Arabe arrive à s'emparer de l'oiseau convoité, après une poursuite des plus opiniâtres, où la bête à deux pâtes finit par tomber de fatigue, victime de son habitude de décrire en fuyant de grands cercles que le chasseur sait couper à propos, épargnant ainsi à son cheval une grande partie de son trajet. Lors-

qu'il a répété ce manège un certain nombre
de fois, il parvient enfin, mais seulement
parfois après huit à dix heures de chasse, à
s'emparer de l'oiseau, dont la course est plus
rapide que celle du cheval le plus léger. S'il
emploie des lévriers à cette chasse, elle devient
moins pénible et moins longue. .

On a dit que l'autruche, lorsqu'elle se voit
au moment d'être prise, cachait sa tête sous
son aile, comme feraient des enfants qui
mettent leur tête dans leurs mains ouvertes,
afin de ne pas être vus. Ce fait est contesté par
plusieurs chasseurs dignes de foi ; et, en dernier
lieu, par le docteur Livingstone qui a eu
l'occasion de chasser l'autruche dans ses
voyages dans l'Afrique australe.

C'est au mois de mars et d'avril, particulièrement, que l'on chasse les autruches, car
c'est la saison où les plumes ont repoussé et
où elles sont bonnes pour la vente. Dans les
autres périodes de l'année, ces oiseaux ont la
fâcheuse habitude, comme les paons et les
dindons qui font la roue, de traîner les plumes
de leurs ailes, ce qui abîme les barbes des
plumes, · diminue leur valeur et les salit
extrêmement.

Dans le pays des Bechuanas et le Domara,
les chasseurs aborigènes n'ont pour armes
qu'un arc et des flèches, celles-ci empoi-
sonnées au moyen du suc des euphorbes ou

par le résidu des entrailles d'une chenille
appelée le *n'ywa*. Il paraît que ce venin est très
dangereux, car les noirs africains — chez qui
la propreté est une qualité rare — ont grand
soin de se laver les mains quand ils ont touché
au *n'ywa*.

Ceux qui seraient atteints par ses effets
délétères deviendraient fous furieux et enfin
idiots pour le reste de leur vie.

Muni de ces terribles engins, le chasseur qui
a découvert un nid d'autruche, va enlever les
œufs et se couche à plat ventre dans l'excava-
tion où ils se trouvaient. Combien d'heures
reste-t-il là ? Lui seul et Dieu le savent ; à la
fin, la mère couveuse paraît à l'horizon : elle
avance à grands pas. La voilà, et quand elle
est assez proche, l'archer africain qui tient
son arc bandé vise, lâche la corde et la flèche
va frapper généralement l'oiseau en pleine
poitrine. Le mâle qui suit de près sa femelle,
tombe également sous l'arme meurtrière de
ce chasseur primitif, car celui-ci sait très bien
s'y prendre pour mettre à mort sa double
proie.

Une autre façon de chasser l'autruche est
pratiquée par les Bechuanas. Ils se revêtent de
la dépouille de l'un de ces oiseaux et s'avan-
cent dans le pays fréquenté par ce gros gibier,
en imitant ses allures, jusqu'à ce qu'ils parviennent à portée de l'un d'eux.

M. Moffat, voyageur anglais très célèbre, décrit fort longuement ce genre de sport, en racontant comment l'Africain tient la tête empaillée debout, pour l'agiter, se blanchit les jambes avec de la craie, et agite de temps en temps les ailes pour mieux jouer la comédie. Il arrive quelquefois qu'un mâle curieux s'avance de très près, afin de voir par lui-même qui est cet inconnu. C'est là le moment dangereux, car si le chasseur n'atteint pas l'oiseau avant d'avoir été repoussé par lui il peut recevoir quelque horion très dangereux.

Le voyageur Anderson raconte avoir vu chasser l'autruche à la course par les Boschi-men, sur les bords du lac N'gavis ; c'est à coups de bâtons qu'on procède, de façon à casser les jambes aux oiseaux.

Il y a encore d'autres chasses aux autruches, au moyen de pièges. En premier lieu, le lacet, corde tendue à un jeune baliveau, avec laquelle, à la hauteur du cou, on forme un nœud coulant. L'autruche passe par là, introduit le cou dans le rond de chanvre, et clac ! la bobinette choit et la farce sinistre est jouée. L'oiseau se trouve bel et bien pendu. Un second mode de chasse est celui de trous recouverts de roseaux et d'herbages, dans lesquels l'autruche tombe et d'où elle ne peut plus sortir.

Je termine cet article par le récit d'une chasse faite par M. Anderson, qui a si longtemps habité l'Afrique, et qui s'est, maintes fois donné le plaisir d'une de ces parties.

« Un jour, sur le chemin qui conduit de Bay à Cheppœnsdorf, nous aperçûmes une autruche mâle ayant près de *lui* sa femelle et dix-neuf petits de la grosseur d'une poule de basse-cour.

« Depuis longtemps je souhaitais une rencontre pareille; aussi mes compagnons et moi descendîmes-nous des selles posées sur le dos de nos bœufs. Nous voulions nous emparer particulièrement des jeunes.

« Dès que le père et la mère autruches eurent vent de nos projets, ils détalèrent, la femelle en avant, les petits après, et le mâle par derrière, pour protéger sa famille. Rien n'était plus touchant que cette anxiété paternelle. Quand l'oiseau eût compris que nous gagnions sur lui, il usa d'un stratagème ordinaire chez tous les oiseaux et les quadrupèdes : celui de se séparer de la bande, afin de nous attirer sur ses pas. Mais, lorsqu'il se fut aperçu que nous ne faisions pas la moindre attention à lui, il changea de gamme et fit semblant d'être blessé. Nous le vîmes décrire des cercles, s'arrêter, se coucher, se relever, et enfin tomber, lorsqu'il ne fut plus qu'à une demi-portée de fusil.

« Déjà l'un de nous avait tiré sur lui et je crus qu'il était blessé. Je m'avançai pour l'achever. Au moment où je l'ajustais, je compris que tout ce qu'avait fait l'oiseau jusque-là n'était qu'une ruse, car l'autruche se releva d'un bond et courut dans une autre direction opposée à celle de la femelle et de sa famille. Les petits, pendant ce temps-là, avaient gagné du terrain et se trouvaient bien loin. Il nous fallut une heure de poursuite obstinée pour réussir dans cette entreprise cynégétique.

« Nous parvînmes à nous emparer de neuf jeunes dans la compagnie, et encore se défendaient-ils avec un grand acharnement.

« Du reste, c'était un assez joli succès et nous dûmes nous tenir pour très satisfaits. »

———

HISTOIRES AVENTUREUSES

UNE QUADRUPLE EXÉCUTION

A L'ILE MAURICE

Il y a deux ans bientôt, pendant un séjour
que je fis à la ville de Port-Louis (île Maurice),
j'eus l'occasion d'assister à une quadruple exécution capitale.

Nous étions à la mi-septembre, et je devais
repartir pour l'Europe au commencement de la
nouvelle année. Voulant profiter des quelques
beaux jours qui nous restaient encore avant
d'entrer dans la saison d'hivernage ou des
pluies, j'avais fait tous mes préparatifs pour un
voyage d'excursion dans l'intérieur de l'île, en
débutant par un pèlerinage au tombeau de Paul
et Virginie. Lorsque j'annonçai à mon domestique indien que nous devions nous mettre en

route le lendemain au petit jour, au lieu de la joie que je croyais lui causer par cette nouvelle, il la reçut avec des signes manifestes de désespoir. Avec la volubilité de parole et cette prodigalité de gestes démonstratifs particulières à sa race, Moutousami m'annonça que ce jour-là même, vers les quatre heures du matin, le bourreau devait pendre quatre condamnés à mort, dont un nègre et trois Indiens. Il ne pouvait manquer « *ce grand spectacle* », qu'on n'avait pas eu dans la colonie depuis plus de cinquante « *bananes* » (années), et où toute la ville s'était donné rendez-vous.

J'eus bientôt vérifié l'exactitude du dire de mon Indien ; je n'hésitai pas à remettre mon départ au surlendemain, en me promettant de suivre du premier acte jusqu'à son terrible dénouement le lugubre drame qui allait se dérouler dans cette cité, véritable Babel moderne.

Car Port-Louis renferme dans ses murs tous les échantillons de la race humaine; la population, sans parler des créoles, se compose d'Européens de toutes les nations, aussi bien que d'Américains du Sud et du Nord, de Chinois et de Japonais, de Malais et d'Australiens; les Arabes du golfe Persique et de la côte africaine y commercent avec les Indiens de toutes castes et les nègres de toute provenance. Et il n'est point de mélange entre toutes les parties de cette population qui conservent les unes et les autres leurs costumes, leur religion, leurs mœurs, et leur langue, voire même leur mode de nourriture, bien qu'elles vivent courbées sous une seule et même législation, *la législation coloniale.*

La capitale de l'ancienne Ile-de-France, où le commerce s'est donné rendez-vous de tous les points de l'univers, grâce à sa situation géographique et à son vaste port, est restée, malgré le percement de l'isthme de Suez, la clef de la mer des Indes.

C'est cette population si hétérogène, n'ayant d'autre lien que l'intérêt commerciale, que le spectacle d'une quadruple exécution devait rassembler dans un pêle-mêle inimaginable.

J'allais assister à la confusion des langues au pied d'un échafaud. Et quelle diversité dans les sentiments dont cette foule serait agitée ! Il se pouvait faire que dans ces quatres condamnés à mort, se trouvât un Indien payant de sa vie l'observance et l'application de sa loi religieuse. Que devaient penser et faire des coreligionnaires en faveur de celui qui allait mourir, frappé par une loi qu'ils se refusaient à reconnaître?...

Je n'avais jamais assisté à une exécution capitale en France, où l'emploi de la guillotine diminue les charges de l'exécuteur des hautes œuvres, en même temps qu'il épargne au con-

damné, en abrégeant les préparatifs, l'horrible
supplice de l'attente. Ici, la machine remplace
l'homme pour ainsi dire. Il n'en est pas de
même de la pendaison, où le bourreau est
obligé de tout faire, ainsi que je l'ai vu prati-
quer dans cette circonstance. Lorsque le condamné est arrivé sur l'échafaud il lui lie les
mains, les bras et les jambes, le dispose sur la
trappe, lui rabat un capuchon sur le visage
avant de lui assujettir la corde au cou. Presque toujours il se suspend après les pieds du
supplicié, afin de provoquer la mort qui se
fait attendre.

Le bourreau avait cette fois à procéder à
quatre pendaisons simultanées; et l'on ne
pouvait songer sans angoisse à la situation
horrible de ces misérables pendant la durée de
tous ces préparatifs qui devaient, à mon sens,
exiger un quart d'heure au moins

J'en fus détrompé, comme on va le voir.

Vers minuit, je me dirigeai vers la prison
située au centre de la ville, dont je croyais
trouver les abords déjà occupés par la foule. Il
n'y avait âme qui vive, et les rues de la cité
étaient complètement désertes ; je ne rencontrais
sur mon parcours que des policemen qui, de
temps à autre jetaient à travers le silence de
la nuit, la note stridente de leurs sifflets.

La nuit était superbe : une de ces nuits des
régions tropicales où l'atmosphère, d'une extrê-

me transparence, est inondée de clarté. La lune
dans son plein répandait dans l'espace une
lumière très vive, en suivant sa route à travers
un ciel sans nuages et constellé de millions
d'étoiles, scintillant sur un fond d'azur. Une
petite brise de terre tout imprégnée de senteurs
de la montagne balançait, en soufflant vers la
mer, les hautes cimes des arbres, à travers
lesquels se dessinaient les toits grisâtres des
coquettes maisons de la ville, enfermées dans
leurs bosquets de verdure.

J'étais arrivé, tout en marchant sans me soucier du temps ni de la direction, sur la place de
la Cathédrale dont les deux hautes tours de
pierres se profilaient dans l'espace en s'élan-
çant d'un massif de feuillage. L'horloge mar-
quait deux heures.

Je descendis vers le port. Les navires, pres-
sés les uns contre les autres, s'y balançaient
mollement sur une nappe d'eau immobile, et
semblaient participer du sommeil de la cité...
Je m'assis au bord de l'eau, et me laissai ga-
gner par une sorte de douce rêverie, mêlée de
tristesse.

Vers les 3 heures et demie, je me joignis à
quelques groupes d'hommes et de femmes qui
montaient vers la prison. — La ville s'éveil-
lait; les rues se peuplaient. — La geôle se trouve
dans une rue étroite, bordée de l'autre côté par
de hautes maisons; celle-ci était déjà envahie

par des Indiens vêtus de *caprars* (1) blancs ou
bariolés, tombant sur des pantalons mauresques de même couleur. Ils causaient entre
eux, gravement et à voix basse. La foule, qui
grossissait à chaque instant, fut bientôt composée des gens de toutes les nations.

Des Chinois avec leur costume de percale
bleue bouffant, et leurs grands chapeaux de
Panama donnant passage à leur longue tresse
de cheveux; des Arabes vêtus de leurs longs
gilets blancs, ornés de festons de laine ou de
fils d'or, et coiffés de larges turbans artistement enroulés autour de la tête; des femmes
indiennes, à demi couvertes de leurs pagnes;
des Malgaches aux cheveux tressés en mille
petites tresses, des nègres plus ou moins vêtus,
des créoles de la colonie, des Anglais raides et
compassés, des Français, etc., etc.

Sous les rayons blanchissants de la lune,
toute cette foule bigarrée présentait un aspect
des plus pittoresques, impossible à rendre.
Bon nombre d'Indiens, accroupis sur le bord
des trottoirs, fumaient silencieusement dans
leurs gourgoures (pipes indiennes) dont on
pouvait suivre les petites spirales de fumée
bleue, voltigeant dans l'air.

A quatre heures précises, les portes de la
prison s'ouvrirent et donnèrent passage à un

(1) Sorte de Burnous.

piquet de gardes au costume bleu foncé, armés de fusils chargés.

C'était l'escorte d'honneur de cette Majesté qui s'appelle la mort.

Les policemen, le bâton de la reine à la main, nous rangèrent aussitôt sur les trottoirs.

La demie de quatre heures sonna; il y eut comme un mouvement de tressaillement dans toute cette foule, qui devint tout à coup silencieuse. On entendait un bruit sonore de r·ues, venant de l'intérieur de la prison. — Deux charrettes débouchèrent de la grande porte de la geôle pendant qu'une cloche sonnait lentement le glas funèbre.

Trois des condamnés se trouvaient dans la première charrette; deux prêtres catholiques les assistaient. Le quatrième, mahométan, occupait seul la seconde charrette avec un prêtre musulman, tout habillé de vert, couleur de deuil chez les disciples du Prophète. A la suite de deux ou trois commandements brefs donnés en anglais, le piquet des gardes se referma autour des deux tombereaux, et le lugubre cortège se mit en marche.

Le lieu du supplice, voisin du grand cimetière de Port-Louis, était assez éloigné; on dut presque traverser la ville, en suivant des rues tortueuses. Au passage du cortège, devant les casernes, le soldat anglais qui montait la garde à la porte, présenta les armes. Ce simple et

suprême hommage rendu par un homme à
ces hommes qui allaient mourir me fit tressail
lir. Les condamnés ne s'en aperçurent pas.

Nous arrivions ; déjà l'on apercevait, derrière
de hautes murailles blanches, les croix des
mausolées du cimetière et le bruit du clapote-
ment des vagues sur le rivage, arrivait jusqu'à
nous, en se mariant au sifflement plaintif et
monotone des arbres sous lesquels nous
venions d'entrer. A la sortie de la ville, la foule
qui n'avait cessé d'augmenter tout le long de
notre parcours, s'éparpilla de tous côtés, cou-
pant à travers les taillis pour arriver au plus
vite. Nous étions sur le lieu de l'exécution.
L'échafaud était dressé sur les bords de la mer,
dans une place assez vaste, adossée à un rideau
d'arbres gigantesques. Il avait été construit la
veille même, et se composait d'une simple
plate-forme en bois, élevée à un mètre cinquante au dessus du sol.

Cette plate-forme portait deux poteaux en
bois noirci sur lesquels reposait la barre transversale d'où pendaient quatre cordes. Ces cordes en fibres d'aloès n'étaient pas plus grosses
que le pouce. Le plancher de la plate-forme
formait une trappe à bascule qu'un levrier en
fer faisait mouvoir.

Lorsque les condamnés arrivèrent au pied
de l'échafaud, les dernières étoiles disparais-
saient du ciel ; l'horizon et la mer s'empour-

3.

praient, le jour naissait. Ils avaient devant eux
les quatre cordes qui, légèrement agitées par
la brise de mer, se balançaient dans le vide.
L'Indien mahométan eut un frémissement; ses
yeux s'injectèrent de sang, et l'on vit une légère
écume couler des coins de ses lèvres. Les trois
autres condamnés baisaient avec transport les
crucifix que leur présentaient les prêtres catholiques. Ils descendirent tous avec courage des
charrettes, et montèrent avec fermeté les marches de l'échafaud. Sur la plate-forme, les trois
ministres religieux, à la vue de toute la foule
leur donnèrent le suprême baiser, et descendirent. Les prêtres catholiques s'agenouillèrent
sur une des marches de l'échafaud, le front
courbé vers la terre; quant au mahométan, il
vint se perdre dans la foule et disparut. Les
condamnés se retournèrent alors vers le peuple et nous envoyèrent des *salams* (saluts) de la
main. Il y eut un mo nent de terrible angoisse.
Debout et immobiles, sur cette plate-forme ces
malheureux, tournés sur le rivage, attendaient,
frolés par les cordes qui se balançaient au dessus de leurs têtes. A ce moment, le soleil sortant du sein des flots inondait de sa lumière
les espaces infinis qu'ils avaient devant eux: la
mer et le ciel !

Un petit homme trapu apparut sur l'échafaud: il était entièrement vêtu de noir, la tête
recouverte d'un capuchon également noir ayant

des ouvertures à l'endroit des yeux. C'était le bourreau... Il rangea les condamnés sous leurs cordes respectives, leur lia les poignets, les bras et les jambes et, en un clin d'œil, leur enveloppa la tête d'un capuchon noir. Il leur passa ensuite la corde autour du cou en assujettissant, d'un coup sec, le nœud sur l'artère carotide gauche, puis il disparut. L'instant d'après, les quatre corps secoués par des soubresauts nerveux, se balançaient dans l'espace. Trente secondes plus tard, tout était fini... les convulsions avaient cessé d'agiter les suppliciés. Le bourreau qui était descendu à terre en s'accrochant à l'un des condamnés, se suspendit successivement aux jambes de chacun d'eux en imprimant au corps un brusque mouvement, pour achever la strangulation.

Quelques minutes après, deux médecins montaient sur l'échafaud et constataient la mort; les cordes furent alors coupées par le bourreau, et l'on entendit les corps tomber, avec un bruit sourd, dans des cercueils de sapin qu'on cloua immédiatement. Les cercueils, chargés sur un bateau, furent transportés dans une île voisine, au cimetière des suppliciés.

Deux heures plus tard, des ouvriers démolissaient l'échafaud qu'ils avaient monté la veille, et le bois en fut brûlé sur place.

J'étais resté, toute la journée, sous le coup
de la pénible impression que j'avais rapportée
de cet horrible spectacle. Dans la soirée, je fis
une promenade sur les bords de la mer avec
l'espoir de changer ainsi le cours de mes
esprits. J'atteignis bientôt, sans m'en douter,
les murs du cimetière, qui longent le rivage.
Je ne fus pas peu surpris d'y voir adossée une
case bâtie à la façon indienne, elle était entou-
rée d'une légère clôture en bois. Je m'appro-
chai de cette maisonnette solitaire qui semblait
habitée; un homme travaillait, en effet, à un
tout petit jardin, dont le terrain était en
bordure du rivage. C'était un Indien d'une cinquantaine d'années environ, trapu, au regard
intelligent mais désespéré. Je l'interrogeai.
« — Vous m'avez peut-être vu *officier* (sic) ce
matin, me dit-il. Je suis le bourreau. Ma
demeure, qu'un jour ou l'autre la mer empor-
tera a été celle de mes prédécesseurs. Nous
sommes logés par le gouvernement qui nous
paye 30 piastres par mois (150 francs): je suis un
condamné gracié. Je n'ai pas le droit de sortir
d'ici, sinon le jour où, chaque mois, je vais
toucher ma paie. Je dois rapporter de la ville,
en même temps, toutes mes provisions. Je ne
dois pas y séjourner plus de trois heures. Vous
le voyez, je vis ici retranché du monde; personne ne m'approche; je suis un sujet de répulsion pour les blancs aussi bien que pour les

noirs de la colonie. Vous êtes un étranger; sans cela, vous n'auriez pas pris ce chemin... »

A trois mille lieues de l'Europe, j'avais rencontré le *lépreux de la cité d'Aoste.*

UN DUEL ENTRE DEUX FEMMES

Un drame des plus sauvages vient de se passer en Californie, près de Sacramento, qui laisse derrière lui tous les récits fantastiques qui ont été faits de ce pays lointain où la civilisation, quoi qu'on en dise, est loin d'être parvenue à son apogée, où les lois sont encore très imparfaites et où les mœurs laissent toujours beaucoup à désirer.

Deux femmes, une veuve, mistress Fuller, et une jeune fille, miss Barton, se sont battues en duel, à l'américaine, dans un bois, lancée l'une contre l'autre, comme deux bêtes fauves, qui se cherchent pour s'entre-déchirer.

Nous commençons... par le commencement.

Il y a deux mois, arriva à Sacramento un joli
garçon de Trenton (Etats-Unis), qui venait chercher fortune en Californie. Possesseur d'une
certaine somme d'argent, très laborieux, fort
économe, David Marsh était le parangon des
époux à trouver : aussi, quelques semaines
après avoir débarqué à Sacramento, quand il
s'établit en qualité de *grocer* — lisez épicier —
dans une rue de Sacramento, ce bel Adonis
yankee vit sa boutique se remplir tous les jours
de ménagères à marier qui n'avaient qu'un seul
désir, celui de voir Daniel Marsh tourner les
yeux de leur côté et leur adresser — à la plus
belle, comme le fit le berger Pâris au temps de
la Grèce — une demande sérieuse en mariage.

Tout d'abord Harsh fit la sourde oreille à toutes les agaceries de ses quémandeuses ; mais
un matin il vit entrer chez lui mistress Fuller,
très accorte , parfaitement habillée, qui lui
acheta en minaudant une certaine quantité de
provisions de ménage. Ses achats étaient com-
pliqués, mais la conversation fut simple et se
termina par ces paroles échangées entre les
deux personnes :

— Etes-vous garçon, monsieur?

— Oui, madame.

— C'est un tort.

— J'en conviens ! mais il n'est pas facile de
trouver qui vous rende heureux en ménage.

— En cherchant, on rencontre et peut-être sans aller bien loin.

— Si c'était de vous qu'il s'agit, madame, je ne dis pas.

La suite de cette conversation intime, qui n'avait pas eu le moindreauditeur, fut celle-ci: le beau Daniel Marsh fut autorisé à venir faire sa cour à la jeune veuve et bientôt les deux amoureux furent convenus de leurs faits.

Le mariage de l'épicier et de mistress Elisa Fuller devait avoir lieu le 25 juillet dernier, par-devant le révérend M. Joshua Rush, ministre de la religion réformée à Sacramento.

Daniel fit bien les choses : il acheta et envoya un trousseau très cossu à sa fiancée, qui l'accepta et remercia son futur mari par une lettre des plus cordiales.

A quelques jours de là, un soir, vers quatre heures de l'après-midi, une jeune fille, venant de Grass Valley, entra dans le *store* du *gorcer* pour y acheter des provisions destinées à son père — un chercheur d'or enrichi — et à sa mère qui tenait un *barroom* — autrement dit un café — à Grass Valley.

Miss Jenny Barthon, disons-le tout de suite, était un beau brin de fille, grande de taille, blonde comme les blés, ayant un profil grec, des yeux bleus et une désinvolture de houri.

La voir et l'aimer fut l'affaire d'une seconde pour l'inflammable Daniel Marsh. Sans se rap-

peler qu'il avait juré sa foi — style d'opéra-
comique — à la belle veuve Elisa Fuller, il
demanda à la visiteuse le nom de sa famille,
l'endroit de sa résidence, et sollicita la permission de rendre à miss Jenny Barton sa visite
dans le plus bref délai.

La jeune fille rougit — elle avait compris —
et accorda la demande de Daniel Marsh. Comment eût-elle pu résister à tant de galante-
rie?

.Le lendemain de l'apparition de miss Fuller
dans sa boutique, Daniel Marsh, après avoir
installé son commis en son lieu et place en lui
faisant toutes les recommandations nécessai-
res pour la vente et les approvisionnements,
monta à cheval et s'en alla vers Gras Valley à
l'amble de sa bête, sans plus songer à mistress
Elisa Fuller que si elle n'eût jamais été sur son
chemin.

Il n'avait pas même pris la précaution de lui
écrire un petit billet d'adieu. Toutes ses pensées
s'étaient envolées vers l'ange aimé qui, comme
le clou du proverbe, avait chassé l'autre clou
de son cœur.

Le pays qu'il traversait était assez désert:
de loin en loin il apercevait quelques habitations toujours élevées le long d'un ruisseau
quelconque. Il suivait une route qui avait dû
être fort belle du temps des missionnaires,
mais qui, à l'heure actuelle, lui parut très

défoncée, eu égard au nombre infini de charrettes qui la parcouraient et à l'absence de can-
tonniers pour l'entretenir.

Entre onze heure et une heure de l'après-
midi, il fit halte afin de laisser passer la chaleur et faire reposer son bidet. Vers la tombée
de la nuit il parvint à Grass Valley, et on lui
indiqua la ferme des Barton, située sur les
déclivités d'une montagne très pittoresque sur
le bord du *Feather river.*

Miss Jenny ne s'attendait pas — nous devons
l'avouer — à voir arriver tout de suite le Yankee timide qui lui avait fait une déclaration en
due forme; mais elle était si certaine de son
succès qu'elle ne fut pas, après tout plus étonnée
qu'elle ne paraissait l'être, de l'arrivée de ce
prétendant à sa main.

Daniel Marsh n'y alla pas par quatre che-
mins. Dès qu'il eut été présenté par la jeune
fille aux auteurs de ses jours, il leur adressa
en due forme une demande en mariage, leur
expliquant sa situation pécuniaire et les chances de bonheur moral et positif qu'il offrait à
leur fille unique.

On allait souper à la ferme Barton, Marsh fut
convié à prendre sa part du repas de famille;
il accepta — naturellement — et avant que l'on
eût apporté les pipes et le tabac, toutes les
questions étaient posées et répondues: le Yankee épouserait Jenny Barton dans la quinzaine,

par-devant le révérend Samiel Thornton, ministre résidant à Grass Valley depuis un an, et où il avait fait élever une très belle église baptisée par ses soins du titre pompeux de *Sabbath church*, — « Eglise du dimanche ».

Daniel March resta quatre jours à Grass Valley, du matin au soir avec sa fiancée; puis il songea à retourner à Sacramento, où les besoins de son négoce le rappelaient.

— A bientôt chère Jenny, dit-il à sa future.

— J'y compte bien, ami, répliqua celle-ci, et on se sépara avec force poignées de main.

A peine rentré chez lui, le bel Yankee qui écoutait le compte-rendu de son « alter ego » sur les opérations et transactions commerciales qui s'étaient passées dans le magasin pendant son absence, vit entrer Elisa Fuller dans le cabinet où il se tenait devant son bureau et ses livres.

— Ah! c'est vous, monsieur Marsh! D'où venez-vous ? que signifie une pareille absence, sans m'avoir prévenue ?

— Mais, madame, je ne comprends pas...

— Madame? que signifie cette froideur ? Ah! vous ne comprenez pas qu'on n'abandonne pas ainsi une personne qui va bientôt devenir votre femme, et à qui l'on doit compte de sa conduite.

— Cette façon d'agir, ces reproches immérités, qui me donnent un aperçu d'un caractère

irascible, madame, m'ouvrent définitivement
les yeux. Je craindrais d'avoir en vous une
femme colère, inquisitrice. J'aime mieux re-
noncer aux projets que j'avais formés. Je vous
rends votre liberté, madame.

— C'est-à-dire que vous m'avez remplacée,
misérable, et que vous m'avez donné une rivale.
Malheur à elle, si je la découvre!

Et, sans ajouter un seul mot, mistress Elisa
Fuller sortit du magasin et rentra chez
elle.

Daniel Marsh eut d'abord peur des menaces
de son ex-fiancée; mais peu à peu, le courage
reprenant le dessus, il se dit qu'une femme
n'était pas à craindre, et qu'il saurait bien, en
temps voulu, se débarrasser de ses importu-
nités.

Après avoir donné une semaine à ses occupations, le volage Yankee — dont les lettres à
Grass Valley se suivaient chaque jour, annon-
çant à sa belle Jenny sa prochaine arrivée avec
les cadeaux de noces — prit un matin le chemin qui conduisait près de ses chères amours.

Lancé sur la route qui conduit à Grass Valley, il se croyait seul; mais, hélas! le malheureux était suivi. Cachée dans une carriole de
chercheur d'or, que conduisait un nègre
inconnu à Daniel Marsh, Elisa Fuller suivait
son infidèle, à un kilomètre de distance. C'est
à peine si Daniel Marsh s'était retourné deux

fois pour regarder en arrière, et il n'avait vu
âme qui vive sur la route.

Quand il arriva à Grass Valley, il alla droit à
la taverne du « Gold block » y laissa sa monture et se dirigea vers la ferme des Barton.

Il était à peine installé depuis une heure près
de Jenny et de ses parents qui lui faisaient fête,
qu'une ombre parut sur le seuil de la maison.

Les Barton ne connaissaient point la personne
qui se présentait ainsi inopinément ; mais
Marsh poussa un cri de terreur :

— Elisa Fuller !

— Que veut cette femme? vous la connais-
sez donc? s'écria la fille du fermier.

Daniel baissa la tête sans répondre.

— Parlez ! parlez!

— C'est moi qui vais vous donner le mot de
l'énigme, répliqua la veuve d'une voix sinistre. J'étais la fiancée de ce bellâtre : il vous a
vue sans doute et vous a préférée à moi. Je n'entends point de cette oreille. Cet homme est à
moi : je le veux et j'entends ne pas le céder à
une autre.

— J'en suis fâchée, madame, objecta miss
Barton, mais je crois avoir plus de droits que
vous à la main de M. Marsh. Il m'aime et je
veux qu'il soit mon mari devant Dieu et devant
les hommes.

— Cela ne sera pas.

— C'est ce qui vous trompe.

Et la belle Jenny Barton, d'un geste de reine, montra la porte à la veuve en lui disant :

— Sortez !

— Je refuse de m'en aller.

— Je vous l'ordonne.

— Ne me touchez pas, malheureuse !

— Malheureuse vous-même !

Et, d'un geste violent, Jenny jeta mistress Fuller hors de la demeure paternelle.

— Vous me rendrez raison de cette insulte ! hurla cette dernière.

— Quand vous voudrez, riposta la jeune fille.

Une heure après, deux dames de Grass Valley se présentaient à la ferme des Barton et demandaient à parler à miss Jenny.

— Que me voulez-vous ? répondit celle-ci.

— Nous venons vous demander raison de l'insulte que vous avez faite à mistress Fuller. Notre *amie* veut se battre en duel avec vous, et nous sommes ici pour régler les conditions du combat.

Les parents avaient ouvert de grands yeux à ces paroles insensées : Marsh s'était approché et se récriait contre de pareilles prétentions.

— Laissez-moi maîtresse de mon honneur, répliqua Jenny. Mistress Fuller veut se battre, soit. J'accepte. Demain, dans la forêt de sapins, à huit heures du matin, je me trouverai la carabine en main à l'entrée du côté sud. Que mistress Fuller se présente par le chemin qui aboutit au nord : un coup de feu tiré en l'air me préviendra de sa présence. Je lui répondrai de la même façon, et alors que chacune de nous ait bien soin de se cacher en cherchant son adversaire. Si je la vois la première, je ne la manquerai pas.

— Mais ce que vous voulez faire est sauvage, dit le fiancé à sa bien-aimée.

— Nous nous opposons,... ajoutèrent le fermier Barton et sa femme.

— Tout ce que vous me direz sera inutile fit Jenny. Je n'entends pas céder Daniel à une mistress Fuller.

Nous n'ajouterons plus que quelques mots pour terminer cette histoire véridique.

Le lendemain matin les deux rivales, accompagnées chacune de deux amies, témoins de l'affaire d'honneur, se rendirent à l'endroit désigné et accepté.

Les deux coups de feu furent tirés et l'on rechargea les carabines à balles.

Et la chasse commença. Les jupons retroussés de manière à pouvoir se glisser à travers les buissons et les rochers, Jenny Barton et Elisa Fuller avançaient avec les plus grandes précautions, inspectant du regard chaque point de l'horizon devant elles.

Cette recherche dura plus de trois quarts d'heure. A la fin un coup de fusil se fit entendre, un seul.

C'était celui de la fille du fermier, qui fumait encore quand on arriva près d'elle.

La vindicative jeune fille avait frappé en pleine poitrine sa rivàle de Sacramento. Mais une fois sa vengeance satisfaite, elle était revenue aux meilleurs sentiments de la femme, et, à genoux près de celle qui allait mourir, elle lui prodiguait les soins les plus dévoués.

Daniel Marsh se tenait à quelques pas de là, terrifié par ce spectacle inattendu, inespéré. Les Barton n'osaient pas avancer.

A la fin cependant les quatre témoins vinrent sur le lieu du dénouement de ce combat sans pareil.

— Quel malheur ! s'écria l'une des femmes du côté de mistress Fuller.

— Quels regrets ! répliquèrent les partenaires de miss Barton.

Celle qui allait mourir fit signe à Marsh d'approcher, et le Yankee obéit machinalement à cette injonction.

De ses mains défaillantes Elisa prit le bras de son volage fiancé, cause de sa mort. Elle le plaça sur celui de Jenny Barton et on l'entendit murmurer ces mots :

— Soyez heureux ! adieu !

Elle était morte...

Le mariage de Daniel Marsh et de Jenny Barton a été célébré, mais il est à craindre que le spectre de la veuve de Sacramento ne se lève souvent entre le mari et la femme.

———

4

UNE FÊTE CHEZ UN RAJAH

Ce qui suit est le récit d'un voyageur français de nos amis, qui nous a décrit la façon
dont il fut reçu par un riche nabab à Tanjore,
récit qui nous offre quelques curieux détails
de mœurs et de coutumes.

« Le rajah de Tanjore nous traita avec toute
sorte d'attentions et nous donna une hospitalité
de nabab. Nous étions arrivés l'après-midi, à
l'heure où il venait d'achever sa sieste, et nous le
trouvâmes debout à l'entrée de son palais, avec
son frère aîné et son interprète, accompagné du
plus jeune de ses enfants et de sa favorite.

« Le gracieux rajah nous introduisit dans sa splendide habitation, où une fête somptueuse fut organisée pour le soir même en notre honneur.

« Notre hôte avait environ trente-cinq ans, une taille imposante, des manières remarquablement polies, une grande aisance, et ne montrait nul embarras dans sa personne. Comme beaucoup d'individus de sa nation, il s'était passionné pour le luxe et avait un train de prince. Lorsque nous arrivâmes à sa soirée, on nous introduisit dans un salon orné, sur presque tous les panneaux, de belles glaces de fabrique anglaise, richement encadrées d'or. Ces glaces tenaient toute la hauteur de l'appartement, dont elles répétaient les proportions à l'infini.

« C'est assez l'usage des riches princes de l'Inde de faire parade de leur opulence et de dépenser des sommes énormes pour l'ameublement et la décoration de leurs maisons. Et cependant on y trouve plus de luxe que de commodité.

« Le salon ne tarda pas à se remplir d'une foule de personnes invitées. Après qu'on eut fini la série des embrassades et des aspersions d'eau de rose; après qu'on eut bu, à petites gorgées, un breuvage agréablement acidulé. — que l'on peut comparer à notre limonade, — toute la compagnie s'étendit sur de petits tapis de Perse parsemés des plus jolis dessins, placés par dessus des nattes de jonc d'une éclatante blancheur et du plus fin tissu. Les musiciens ouvrirent la fête et, pendant une demi-heure, nous autres Anglais, nous trouvâmes que nous étions condamnés à subir une vraie musique d'enfer.

« Quand cet échantillon de la musique orientale eut cessé d'étourdir nos oreilles, nous vîmes entrer par une porte un Indien portant un grand tapis de coton blanc qui fut déroulé par lui à la hauteur de son front. Il s'avança ainsi jusqu'à la moitié du salon, et nous aperçumes alors un second Indien qui tenait l'autre extrémité. Derrière ce rideau primitif s'étaient glissées les bayadères — *nautch girls* — et les autres danseurs qui se cachaient, tandis que le *guru* — lisez le comique de la troupe — récitait, en chantant et en dansant, le prologue de la représentation qui allait être offerte au rajah et à ses invités.

« A la fin le rideau tomba et forma une sorte de tapis sous les pieds de deux bayadères, offrant à nos yeux étonnés une physionomie très régulière, des traits gracieux, des yeux étincelants et des costumes couverts de clinquant et de pierreries. Elles portaient des pantalons de soie de couleur écarlate, un peu claire. Ces pantalons, froncés autour de la cheville, laissaient voir deux cercles d'or et de

perles enchâssées, auxquels étaient appendus
de petits grelots d'argent qui rendaient, à chaque mouvement des danseuses, un son doux
et assez agréable. Leur taille était bien prise et
serrée dans une sorte de jaquette de soie or et
noir qui descendait jusqu'au dessous de la
poitrine. Là commençait une jupe d'étoffe légère retombant au dessous des genoux ; un
voile de gaze était jeté sur leurs épaules et
venait se croiser sur le sein. Les bayadères
tirent, en dansant, un parti fort habile de ce voile.
Les bijoux que portaient ces femmes étaient,
nous dit-on, d'une valeur considérable ; leur
cou était orné de plaques d'or et d'un collier
de perles et or curieusement ciselé. D'énormes
boucles d'oreilles encadraient leurs joues, et
sur leur front nous remarquâmes des sortes
de cloches d'or fin, ornées de chaque côté d'oiseaux de même métal.

« Bien que ces *nautch girls* soient fort mépri-
sées, le rajah et les Européens des Grandes-
Indes ne donnent jamais une grande fête sans
en engager quelques-unes pour l'amusement
de leur société. J'ajouterai, dit le voyageur auquel nous empruntons ce récit, que ces danseuses, appelées devant une compagnie choisie,
se gardent avec soin de blesser les convenan-
ces. Leurs danses, quoi qu'on en ait dit, sont
bien plus décentes que celles que l'on applau-
dit sur les théâtres de l'Europe.

« Du reste, les fêtes de ce genre ne se distin-
guent pas par leur variété. L'assemblée, étendue
sur des tapis, s'était formée par groupes qui ja-
saient avec une incroyable énergie de gestes,
regardaient les danseuses et les encoura-
geaient par des applaudissements si frénéti-
ques qu'ils couvraient le bruit des flûtes, des
cithares et des tambourins à l'aide desquels le
rajah avait voulu compléter les plaisirs de la
soirée.

« Ce qui nous parut très extraordinaire dans
la danse trémoussée des *nautch girls*, c'étaient
les remuements serpentins de l'énorme tresse
qui ornait leur tête. Nous voulûmes savoir si
tous ces cheveux appartenaient à ces bayadères et l'une d'elles, sur la demande du rajah,
enleva tous les ornements qui les retenaient
liés ensemble ; d'un mouvement rapide, elle
secoua la tête et se trouva cachée par un voile
épais, brillant comme le jais.

« Et la danse recommença de plus belle. Les
deux *nautch girls*, excitées par deux danseurs,
l'un orné d'une tiare élevée, l'autre le front
ceint d'un turban de gaze, sautaient, s'accrou-
pissaient, se relevaient ; on eût dit des fous
échappés des Petites-Maisons. Et la musique
continuait toujours : la scène était éclairée par
une douzaine de torches tenues par des serviteurs qui mêlaient leurs voix discordantes aux
« mélodies » des musiciens indous.

« Un des intermèdes de ces danses fut tenu
par trois personnages soi-disant comiques —
et qui devaient l'être en effet, car leurs lazzis
faisaient pouffer de rire leurs auditeurs qui
comprenaient la langue dans laquelle ils s'ex-
primaient. — L'un était un vieillard qui repré-
sentait un « mendiant ». Il portait une longue
barbe et un chapeau pointu dont l'extrémité
retombait en dedans. Qu'on se figure un bon-
net de coton raide comme s'il était empesé, un
court bâton arrondi d'une main, un rouleau de
l'autre. — Vient ensuite une femme tenant
dans ses bras un bébé en bois et une bouteille
en guise de biberon. Une écharpe passée en
sautoir et un vaste caleçon recouvraient cette
saltimbanque. Le troisième personnage était
un « fou », le crâne recouvert d'un turban, les
hanches abritées par des caleçons de toile.
Pour nous autres Européens, les déhanche-
ments de ces trois clowns n'avaient rien de
bien comique, mais enfin cela avait une couleur locale très caractéristique.

« La soirée fut terminée par un ballet général, pendant lequel les bayadères occupaient le
premier plan.

« Cédant aux instances bienveillantes de notre hôte, nous acceptâmes l'invitation qu'il
nous fit de l'accompagner le lendemain à une
chasse au sanglier. Cette partie de plaisir n'offrit que les incidents accoutumés d'une pareille

excursion cynégétique. Lorsqu'elle fut terminée, les chasseurs se retirèrent sous une tente
dressée au bord de la rivière, et on leur servit
rôtie l'échine d'un marcassin qui avait été mis
à mort par le rajah. A l'extrémité de la table,
on posa la hure de l'animal garnie de ses dé-
fenses et ayant dans sa gueule une grosse oran-
ge ornée d'une guirlande de fenouil.

« Tout disciple de Mahomet qu'il était, le rajah n'hésita pas à manger de ce gibier et à boire
d'excellent vin de Champagne, et cela en présence de ses serviteurs qui, même le croyant
en faute, n'auraient par osé lui en faire la
remarque. Au reste, il ne paraissait pas très
convaincu des dogmes de sa religion et ne né-
gligeait aucune occasion de se donner les cou-
dées franches. Dans cette fête gastronomique,
le rajah de Tanjore s'abandonna si bien au
plaisir de la table qu'il fut obligé de laisser
son cheval et de monter dans un palanquin
que quatre serviteurs robustes emportèrent
sur leurs épaules.

« Ainsi finit la fête du rajah. Le lendemain,
nous prenions congé de lui pour continuer notre voyage. »

LES DÉLICES DU BENGALE

Ce qui suit est extrait d'un livre inédit d'un officier anglais qui a résidé vingt années dans les grandes Indes, et qui m'a permis de le traduire pour l'offrir à nos lecteurs...

« Chargé de passer en revue un régiment d'indigènes, je montai à cheval, dès la pointe du jour, afin de me rendre au camp. J'étais d'assez mauvaise humeur et ce n'était point sans motif. D'abord je me trouvais enfoui au milieu d'un brouillard très dense qui faisait tomber sur mes épaules une humidité glaciale, et, à l'exemple des officiers résidant au Bengale, je ne portais qu'un veston de fine toile, sous lequel du reste, grâce à l'empois dont on l'avait

1.

imprégné, je me trouvais aussi mal à l'aise
que si j'eusse été vêtu de bougran.

D'autre part, j'avais passé une partie de la
nuit à jouer et j'avais perdu.

Je chevauchais donc tristement en pestant
contre ma monture qui, selon l'aimable cou-
tume des arabes pur sang, broutait à toute
minute. D'ailleurs je me sentais blessé dans
mes présomptueuses idées touchant la dignité
humaine, chaque fois que mes regards tombaient sur le jeune nègre attaché à mon service en qualité de groom, et que je voyais courir pieds nus à mes côtés et cherchant à chasser les mouches qui osaient attaquer ma noble
tête, ou bien qui s'emparait des rênes dès
que je manifestais l'intention de descendre.

Aussitôt qu'un Européen arrive dans les
Indes, la première chose qu'il fait c'est d'oublier bien vite qu'un Indien est un homme. S'il
n'en était point ainsi il n'aurait pas l'impudeur
d'affecter des prétentions à la supériorité, et de
se poser, comme il le fait, en souverain maître
de la création. Il ne souffrirait pas qu'un être
d'une nature exactement semblable à la sienne
remplît journellement les fonctions les plus
serviles, les plus dégradantes auprès de sa personne. Je prenais à la fin en pitié ce pauvre
groom, qui avait couru à mes côtés pendant
quatre ou cinq lieues, afin de remplir des fonc-

tions réputées « indispensables » par le *cant* anglais.

Je reviens à ma revue. Jamais, parmi tous les plus beaux corps de troupes connus, je n'avais vu aucun régiment qui eût meilleure tournure que celui des *Sepoys* que j'avais à passer en revue. L'Indien, à vrai dire, — est moins fort que l'anglais, mais pour la fermeté, la constance, la résolution, il n'y a point de soldat au monde qui l'emporte sur le sepoys. Pourvu que le riz soit distribué en suffisante quantité à cet indigène, il ne se préoccupe plus de sa nourriture et de son coucher et se présente d'aussi bonne grâce au feu qu'à la parade.

La revue terminée et lorsque le régiment eût manœuvré devant moi, sous la direction du sergent-major européen, lequel a rang au dessus du capitaine des indigènes, après avoir reçu et rendu le salut à MM. les officiers indiens, j'allai faire l'inspection de l'ambulance, à titre d'officier de service. Puis, en un temps de galop, je me rendis chez mon ami Thompson notre adjudant, qui m'avait invité à déjeuner. En traversant son vestibule, un nouvel exemple de la dégradation indienne vint frapper mes yeux. C'était une négresse allaitant une portée de chiens d'arrêt. J'en témoignai ma surprise à Tompson : il se mit à rire, et, pendant le déjeuner fit des gorges chaudes au sujet de mes scrupules. En sortant de table, nous fîmes une partie de paume et nous épuisâmes une boîte de cigares parfumés. Après cela nous descendîmes à la cave pour y goûter certain vin clairet que mon ami avait reçu de Calcutta.

Mais, ô douleur! il nous fut impossible d'en avaler une goutte: un *rat musqué* avait passé sur le tonneau, et le vin était infecté à ne plus pouvoir le boire.

Quand je revins à mon logement, j'y trouvai un capitaine indigène qui, ses souliers dans les mains, marcha droit à ma rencontre et, criant d'une voix de stentor: *Halte!* s'arrêta court devant moi. Cela fait, il me salua militairement, m'apprit qu'un soldat venait de mourir à l'ambulance; puis il me salua de nouveau et, en me quittant, se fit à lui-même le commandement ordinaire; *Demi tour! En avant, marche!* qu'il exécuta avec toute la raideur requise.

A peine était-il parti, que successivement entrèrent un lieutenant, un sous-lieutenant, un sergent et un caporal, — tous indigènes aussi, — et chacun d'eux m'apprit, de la même manière, une nouvelle de semblable nature. Cinq décès en un jour! Je courus rendre compte au colonel de ce triste événement. Il s'en étonna d'autant plus qu'il considérait notre cantonnement comme très sain. Il fit appeler les chirurgiens-majors qui nièrent la chose; il

manda l'adjudant; celui-ci répondit que j'étais,
sans doute, devenu fou. Enfin, il fut avéré,
après un terrible remue-ménage, qu'un seul
homme était mort. Mais, conformément à l'éti-
quette militaire du pays, le fait avait dû être
dénoncé à l'officier de service par un titulaire
de chaque grade. Voilà ce que j'ignorais, et l'on
ne se gêna pas de rire à mes dépens.

En revenant chez moi, je rencontrai une jeune
lady de ma connaissance, qui se promenait en
palanquin, escortée par un détachement de
lanciers : son père était un officier général. Au
beau milieu du récit que je lui faisais de ma
dernière mésaventure, elle poussa un cri
déchirant. Un *mille-pattes* long de cinquante
centimètres s'était attaché à son pied. Ses porteurs s'arrêtèrent frappés de stupeur. Notre chirurgien qui se trouvait avec moi, écrasa aussitôt l'insecte, et milady fut reportée chez elle en
toute hâte. Au bout de onze semaines, la malheureuse, souffrant toujours, s'embarqua pour
l'Europe, où elle allait consulter les médecins.
J'ai appris depuis qu'elle avait été forcée de
subir l'amputation.

Quel effroyable pays que celui qui vous livre
à la merci de ces insectes dangereux !

Je venais de quitter le chirurgien, quand, passant devant la maison de notre major, j'eus la
pensée de lui rendre visite. Pendant ma conversation avec sa femme et lui, mes yeux se diri-

gèrent par hasard vers le plafond, et je remar-
quai quelques petits insectes qui s'agitaient
autour d'une poutre transversale. Tout à coup
un de ces animalcules tomba sur le plancher,
et, tout en causant, je me mis à l'agacer du bout
de ma badine. Le major me demanda ce que je
faisais là. Je ramassai l'insecte et le lui mon-
trai avec insouciance.

Il ne l'eut pas plus tôt aperçu qu'il devint pâle
comme un cadavre.

— C'est une fourmi blanche! s'écria-t-il; c'est
une fourmi banche! De grâce, ma chère, dit-il
à sa femme, qu'à l'instant même tous nos effets
soient emballés et que, sans perdre une minute,
on les enlève de cette maison. C'est une fourmi
blanche!

La dame quitta précipitamment la chambre
et je demandai une explication.

— L'insecte que vous tenez dans vos mains,
me répondit le major, est si destructeur et se
multiplie avec une rapidité tellement extraordinaire, que le propriétaire de la plus solide
maison des Indes, pour peu qu'un seul individu de cette espèce s'offre à ses yeux, s'em-
presse de la déserter, ne songeant qu'à se sous-
traire au danger presque certain d'être bientôt
écrasé sous ses ruines. Vingt-quatre heures
suffisent aux fourmis blanches pour réduire en
poudre la solive la plus épaisse; et puisque
cette maudite vermine est maintenant sous

mon toit, rien au monde ne saurait me déter-
miner à coucher encore une nuit ici. Il y a
plus : mon déménagement effectué, je ne me
servirai d'aucune de mes hardes avant de les
avoir visitées avec le plus grand soin et les
avoir fait nettoyer à fond, de peur de porter
avec moi quelque part une de ces petites bêtes
dévastatrices.

— Voilà un motif de plus, m'écriai-je en sou-
pirant, pour m'applaudir d'habiter cette terre
aimée des dieux !

Et je me rendis au *mess* de mes camarades.

Jamais repas ne m'avait paru plus appétis-
sant. Notre cuisinier semblait s'être surpassé.
Au moment où nous prenions place autour
de la table, un bourdonnement se fit entendre,
et chacun se leva aussitôt.

A notre nez, à notre barbe, un petit essaim de
punaises volantes venait de s'abattre sur nos
plats. Or, à peine effleurée par cette mouche de
malheur, qui pullule au Bengale, toute viande,
corrompue aussitôt, contracte une odeur nauséabonde. Il fallut donc attendre qu'on nous
eût fait un second dîner.

Dans l'après-midi, j'eus la fantaisie d'assister à une cérémonie religieuse du pays en
l'honneur de Wishnou et *Doorgah Poujah* Mon
cœur saigna quand je vis immoler à la vilaine
idole des Indiens, — une statue dorée avec quatre bras, — une pauvre jeune chèvre qui avait

bonne envie de vivre. J'eus mes vêtements souillés de la poussière bénite dont j'avais été aspergé et je me sentais asphyxié par les émanations puantes de ces fidèles dont le corps était oint d'huile rance.

De retour à mon logement je perdis courageusement tout mon argent au whist, ce qui n'empêcha point mes camarades de me faire la réputation d'une poule mouillée, parce que je reculais devant une sotte gageure.

Mécontent de moi-même, des autres et de toutes choses, je gagnai enfin mon lit. Eu égard à la chaleur intolérable du climat, ma couchette, comme celle de tout le monde, se composait seulement d'une natte garnie de deux draps, laquelle était suspendue par les quatre coins, aux colonnes d'un bois de lit, de telle façon que l'on pouvait circuler par dessous. Au dessus de cette natte était placée, comme une tente fermée, une sorte de cage en gaze pour tenir les moustiques à distance, et les pieds de la couchette posaient dans des terrines pleines d'eau, précaution indispensable contre les invasions de fourmis.

Au bout de deux heures, une violente cuisson au visage me réveilla, et, bientôt à la lueur de ma veilleuse, je découvris sur mon moustiquaire une petite déchirure que je n'avais pas remarquée en me couchant.

C'est par ce trou, à peine perceptible,

què l'ennemi s'était introduit dans la place.

Je fus obligé de me lever et de me bassiner le visage avec de l'eau de chaux, tandis qu'on me préparait un autre moustiquaire.

J'étais allé m'asseoir dans le jardin de ma maison, en compagnie de mon hôtesse, qui avait bien voulu me tenir compagnie afin de me faire oublier ma mésaventure, lorsque tout à coup un sifflement se fit entendre devant nous.

— Grand Dieu! s'écria mistress Wolff, un « cobra capella »!

— Qu'est-ce à dire? comment? vous croyez?

— J'en suis convaincue : Au secours à l'aide!

J'étais resté saisi d'horreur.

Au même instant trois serviteurs indigènes accoururent portant des lanternes, et armés de roseaux. Je m'étais emparé d'un bâton qui se trouvait à ma portée.

— Où est-il? Où est le cobra? demandaient les domestiques.

— Par là;... dans cette direction, répondit mon hôtesse.

Nous cherchâmes tous avec les plus grands soins, sans rien trouver. A la fin, en frappant avec mon bâton sur un vase dans lequel poussaient des fleurs, je brisai la terre cuite et je vis un horrible reptile qui se replia sur lui-même comme pour prendre son élan.

Mon pauvre chien fidèle, un élégant terrier, que j'avais emmené d'Angleterre, voyant ce dangereux serpent prêt à se jeter sur moi, voulut l'empêcher d'en rien faire; mais plus prompt que l'éclair, le cobra capella s'élança, mordit Toto à la gorge et disparut.

En dépit des recherches les plus minutieuses, il fut impossible de retrouver le cobra capella. Quant à mon infortuné terrier je le vis bientôt expirer sous mes yeux dans les plus horribles convulsions.

Dès le lendemain, je sollicitai mon retour en Angleterre, et aujourd'hui mon plus grand plaisir est de contredire ces voyageurs qui, par sottise, ou par ignorance, vantent avec emphase les délices du Bengale.

LES BANDITS EN ESPAGNE

Tous les lecteurs ont entendu parler de Barcelone, capitale de la Catalogne, l'une des provinces les plus riches, les plus peuplées, les
plus belles et les plus industrielles de l'Espagne. Barcelone est digne d'occuper ce haut
rang qu'elle a enlevé à Tarragone la Superbe.
L'origine de Barcelone remonte à deux siècles
et demi avant l'ère chrétienne et son nom lui
vient de la famille carthaginoise de Barca,
— d'où *Barcina*, — dont Hamilcar, père d'An-
nibal, était le chef.

. S'appuyant aux Pyrénées et formant ainsi
une des parties les plus septentrionales de l'Espagne, la Catalogne est une des provinces de

l'Espagne dont l'histoire offre le plus de variété et d'intérêt. De la domination carthaginoise, elle passa sous celle des Romains qui la gardèrent très longtemps.

Mais enfin chassés par les Goths, les fils de César durent abandonner leur conquête, laquelle à son tour passa sous les fourches caudines de l'Italie, des Scandinaves, des Asiatiques et des Africains, tous maîtres passagers d'un territoire qu'ils se disputaient avec acrimonie. La Catalogne devint enfin la propriété des Arabes, après la bataille de Xerès la Frontera ; mais le règne de ces nouveaux dominateurs ne fut pas de longue durée. La bataille de Fodiera fit reculer l'invasion arabe qui, après avoir repassé les « marches » des Pyrénées, fut refoulée jusque vers le midi de l'Espagne. Charles Martel avait arrêté le progrès des Maures en France et ce fut encore un prince de sa race qui leur enleva la Catalogne.

Bientôt, après cette délivrance du joug arabe, les Catalans conquirent la Sicile et la Sardaigne, luttèrent avec l'empire d'Orient et s'emparèrent d'une partie de la Grèce. C'est à ce contact, sans doute, que ces peuples furent les rivaux des Maures qui répandirent la civilisation de l'autre côté de l'Espagne.

Les Catalans furent souvent en lutte avec leurs souverains particuliers et la couronne d'Espagne à laquelle ils furent enfin rattachés.

Toutes les commotions qui ébranlèrent l'Espa·
gne eurent dans la Catalogne plus de retentis-
sement que partout ailleurs et au XIXᵉ siècle,
de nos jours, les *pronunciamentos* politiques
qui agitent la Péninsule y font toujours fer-
menter les passions populaires avec une
extrême énergie.

Barcelone a été le champ de bataille où se
sont décidées toutes les guerres dans lesquelles la Catalogne s'est trouvée engagée. Cette
ville a soutenu plusieurs sièges, dont le plus
renommé est celui de 1714, qui fut mis devant
cette place par le duc de Berwick à l'époque de
la guerre de Succession: L'Espagne s'était sou·
mise à Philippe V et cependant Barcelone tenait
encore pour Charles VI, empereur d'Allemagne.

Barcelone est assise sur le bord de la mer,
dans une position extrêmement favorable. Les
maisons de la ville sont généralement très bien
alignées et leur aspect est un peu mauresque.

La vieille ville est très pittoresque. La cathédrale qui date de la fin du XIIIᵉ siècle est d'un
gothique simple et hardi. On y remarque une
crypte très ancienne, où se trouvent, dans un
mausolée d'albâtre, les reliques de sainte Eula-
lie, martyrisée sous Doclétien. La Bourse,
bâtie sous le règne de Charles III, se distingue
par une noble simplicité ; l'Hôtel de Ville,
par son architecture élégante, et la Douane,

par la richesse des matériaux employés pour
sa construction. Mais le travail le plus impo-
sant que l'on admire à Barcelone, c'est la digue
— *la muraille de la mer* — destinée à défendre le
port contre les ensablements. En somme, Barcelone est une des fortes places de l'Espagne.

Barcelone compte plusieurs manufactures de
drap, de velours, d'étoffes de laines, de soieries,
de toiles peintes, d'armes à feu, d'armes blanches, et, malgré les difficultés de son port, que
les rivières Lobregat et Bessos encombrent de
sable, malgré la muraille de la mer qui res-
serre l'entrée de ce refuge maritime, plus de
deux mille navires encombrent annuellement
son port. Le mouvement maritime, commercial
et industriel appelle si continuellement la population dans la ville, et Barcelone renferme en
elle-même tant de conditions de prospérité,
que malgré les désastres que la guerre civile
et la guerre étrangère ont fait peser sur elle
depuis le commencement du siècle, malgré les
horribles ravages que la peste y fit en 1821, elle
compte plus de 200,000 habitants.

Barcelone est le refuge de tous les déclassés
de l'Espagne et par conséquent on peut dire
se qu'il trouve dans cette ville un noyau de
gens capables de toutes les entreprises auda-
cieuses, de tous les coups de main énergiques,
de toutes les conspirations ayant un but poli-
tique ou particulier.

Dans ce dernier genre en peut citer l'agres-
sion à main armée dont viennent d'être victimes les voyageurs qui avaient quitté Barcelone dans la nuit du 6 au 7 juin, en route pour
se rendre à Perpignan.

L'express parti à dix heures vingt-cinq minutes du soir allait sortir de de la station de San-
Padrès, un des faubourgs de Barcelone situé
à 15 kilomètres de la mer, quand, au grand
étonnement des voyageurs, la machine ralentit
sa marche et s'arrêta sans cause connue.

Les voyageurs ne savaient que penser de ce
retard inexplicable et inexpliqué, lorsqu'une
femme exprima tout haut sa pensée qu'il se
pourrait bien que des voleurs eussent arrêté le
convoi.

Hélas ! rien n'était plus vrai, car au même
instant une voix du dehors cria aux passagers
en pur catalan :

— Déposez vos armes immédiatement. Celui
sur qui j'en trouverai, je lui brûle la cervelle.

Et sans donner le temps d'exécuter cet ordre
un individu habillé convenablement en ouvrier,
foulard autour de la tête, revêtu d'une blouse
bleue, le visage recouvert d'un masque noir,
se précipita vers le premier wagon, armé d'un
de ces fameux *trabucos* à gueule évasée, de
sept à huit centimètres de diamètre, et prêt à
faire feu sur le premier récalcitrant.

— Remettez-moi votre argent, vos bijoux et

tous les objets de valeur que vous possédez,
dit alors le bandit aux voyageurs, et surtout ne
cachez rien, car je vais vous fouiller et celui
sur qui je trouverai la moindre chose sera aussitôt passé par les armes.

L'on s'imaginera sans peine quelle fut la terreur des personnes qui se trouvaient dans le
convoi ; les femmes, les enfants poussaient les
hauts cris ; les hommes n'osaient pas bouger.

Au même instant, une cinquantaine d'hommes s'étaient précipités comme un ouragan,
armés de poignards et de revolvers, sur les
marchepieds, avaient ouvert les portes et se
précipitaient dans l'intérieur des wagons.

Quelques coups de feu avaient d'abord été
tirés en l'air, et les voyageurs ayant mis le
nez aux portières avaient pu à peine se rendre
compte de ce qui se passait, tant la nuit était
sombre. L'on ne distinguait réellement rien
dans la campagne endormie.

Enfin on se rendit compte de la situation.
Toute velléité de résistance était impossible,
car chaque wagon était gardé soigneusement
par les bandits. Il ne restait qu'à s'exécuter.
Argent, montres, bijoux , menus objets de
valeur, ils exigeaient tout, la menace à la bouche. Aux yeux de ceux qui faisaient les récal-
citrants, ils faisaient briller l'acier de leurs
armes.

« Pour moi, dit un des témoins de la scène,

je me vis forcé de remettre au bandit qui se présentait comme « fouilleur » et le « caissier de la bande », ma bourse et celle de ma nièce qui contenaient trois cents francs, ce qui n'empêcha point que je fusse fouillé avec le plus grand soin. Comme il me restait au fond de la poche de mon gilet huit *cuartos* (4 sous) dont je n'avais pas cru devoir faire offrande au bandit « dévaliseur », je fus fort malmené et celui-ci me dit quand je réclamai près de lui, « que je pourrais bien me faire prêter de l'argent par mes amis ou mes « parents ».

J'eus beau lui assurer que je conservais cette menue monnaie pour prendre un verre d'anisette, afin de me remettre de la frayeur que j'éprouvais en ce moment, le voleur répéta qu'il n'entrait pas dans ces détails et qu'il lui fallait beaucoup d'argent pour payer sa troupe. »

Après les hommes, on fouilla les femmes moins sérieusement peut-être qu'on n'avait fait pour leurs maris, puis on visita les bagages.

Le pillage dura une heure et quart et il se fit sans précipitation, avec une méthode particulière.

Enfin un coup de pistolet retentit au loin, — un signal sans doute, — car toute la bande s'empressa de détaler, en abandonnant, à regret sans doute, un wagon de première classe où elle comptait faire une riche capture.

5

Vers une heure et demie du matin, le train
allégé de tout ce qu'il avait de valeurs, rétro-
gradait vers Barcelone et rentrait dans la gare
de cette ville, au grand ébahissement des chefs
de la station et de leurs employés.

Il paraît que pour mener à bien leur entreprise, les bandits espagnols s'étaient emparés
du garde de la voie et, après lui avoir garrotté
les pieds et les mains, l'avaient attaché à un
poteau, puis ils avaient mis en évidence le
fanal vert, indicateur d'un danger sur la
ligne.

En présence de ce signal, le mécanicien avait
naturellement ralenti la marche du convoi et
les bandits avaient pu se jeter sur le tender,
s'emparer du mécanicien, le maintenir, le
garrotter et procéder aux autres arrestations.

Revenus à Barcelone, les volés apprirent de
la bouche même du chef de gare que le train ne
repartirait que le lendemain, et que les billets
seraient valables pour ce second voyage, triste
mais juste consolation après une aussi fâcheuse
mésaventure.

On croirait peut-être que la police, avertie de
ce qui venait de se passer, s'émut et se mit en
campagne. Point du tout. Il n'y eut pas même
un semblant d'enquête. On ne demanda aux
voyageurs ni quelles sommes leur avaient été

volées ni, quels bijoux avaient été dérobés. On
ne prit pas le moindre renseignement qui pût
aider à la recherche des bandits.

Seuls, quelques *carabineros* et *guardias civiles*
questionnèrent, par simple motif de curiosité,
les malheureux voyageurs afin de connaître
les péripéties du drame, et pour pouvoir en
colporter les détails à la caserne ou aux cafés
de la ville.

Du reste, ce n'est pas la première fois que
pareil fait se présente en Espagne. En 1869, un
train fut arrêté à la station de Beatin, sur la
ligne d'Irun à Madrid, et les choses se passè-
rent absolument de la même façon. Il paraît que
ces arrestations à main armée sont stéréoty-
pées dans la Péninsule, aussi bien que dans
toutes les parties du monde. Si ce ne sont pas
les mêmes hommes, ce sont les mêmes moyens.

Un masque sur le visage, des *trabucos* ou
des revolvers, un coup de main hardi sur les
employés d'une station afin d'arrêter le train,
ou bien des billes de bois placées en travers
sur les rails pour faire démarrer les roues : la
farce est jouée!

Après cela, il ne faut plus que de l'audace et,
le diable aidant, messieurs les bandits, à quelque nationalité qu'ils appartiennent, n'en man-
quent pas.

6.

C'est égal : aux Espagnols le pompon !
Ils sont passés maîtres dans ces jeux de
hasard !

UN ROI DE L'EXTRÊME ORIENT

Ce qui suit est le récit d'un Anglais nouvellement arrivée de l'Inde, où il a été témoin d'un fait tellement excentrique que nous l'avons spécialement réservé pour nos lecteurs·

« J'avis été présenté au ministre relevant de la cour de..... qui me demanda si je voulais faire connaissance avec le roi du pays.

« — C'est un original, me dit-il : quoiqu'il appartienne à la religion de Mahomet et qu'il lui soit défendu de s'enivrer et de faire ceci ou cela, ce bon souverain n'en vit pas moins à sa guise et après s'être livré à des folies qui n'ont pas de nom, on le voit souvent vider une, deux, trois, souvent quatre bouteilles de Moët et Chandon, et se griser comme... un figurant de l'Assommoir. Tout porte à croire que d'ici à peu de temps, ce roitelet mourra d'une attaque de *delirium tremens*.

« — Mais, objectai-je, n'a-t-on rien fait pour empêcher cet homme de se livrer à la boisson?

« — Tous les moyens possibles ont été tentés, mais Abbdallah est incorrigible. Le pire est que, quand il est ivre, notre homme devient méchant. On a bien la précaution de lui faire déposer avant qu'il ait bu, toutes les armes qu'il a sur lui. Mais cela ne suffit pas. Il se rue souvent sur ceux qui l'entourent, et à coups de yatagan et de kric, parvient à tuer ceux qui se trouvent à sa portée. C'est ainsi, que l'autre semaine, sans rime, ni raison, il a tranché la tête à son premier ministre, qui voulait l'empêcher de tomber à bras raccourci sur un esclave, lequel avait versé une goutte de vin sur la main de son maître irascible.

« — Mais, c'est un homme très dangereux : un fou qu'il faudra mettre aux petites maisons, dans le sombre *asylum* de Calcutta.

« — Notre gouvernement y songe, mais cela n'est pas facile : la brute se tient sur ses gardes. Après tout ce que je vous ai dit, voulez-vous toujours que je vous présente à lui.

« — Parbleu! plus que jamais! Cette créature anormale m'étonne, je veux étudier son caractère.

« Le lendemain du jour où cette conversa-

tion avait eu lieu, j'accompagnai notre ministre à la cour du souverain de... et, suivant les
usages, je m'inclinai jusqu'à terre et ne me relevai que lorsque ce monarque m'appela par
mon nom.

« Je relevai la tête et vis devant moi un
homme jeune encore, ayant les yeux enfoncés,
bistrés, signes d'une vie de désordre.

« Son costume richissime, couvert de diamants et de pierreries précieuses, était étince-
lant. Son visage était assez laid et il était fort
maigre. Il causa en anglais avec moi et
demanda si je voulais entrer à son service.

« Après tout ce que m'avait raconté mon
ministre, pareille idée ne m'était pas venue. Je
dis cependant au roi que cela dépendrait des
fonctions qu'il voudrait m'offrir.

« — Logez de suite dans mon château, si
vous le voulez bien, répondit-il, je vous donne-
rai 8,000 mohurs d'or par an.

« — J'accepte, répondis-je au monarque.

« En parlant ainsi, je pensais que je pourrais peut-être rendre service à ce malheureux
et en même temps au gouvernement qui
voyait d'un mauvais œil les désordres de la
cour de...

« J'entrai le jour même en fonctions sous
l'ordre de *mon* souverain, on m'installa dans le
palais de mon prédécesseur, qui était mort
d'une pleurésie, et dès le lendemain le roi de...

m'envoyait des ordres pour organiser une battue au tigre dans les jungles.

« J'avais déjà chassé ce terrible carnassier et pus me tirer avec honneur de cette expédition cynégétique dans les environs d'un bois, retraite ordinaire des tigres du pays. Le soir de cette chasse, nous rentrions à la ville de... avec quatre tigres mâles et une femelle.

« Le jour suivant, on me prévint que le roi recevait ses parents et ses amis à sa table et qu'il resterait enfermé dans son palais, n'admettant auprès de sa personne que deux de ses ministres et quelques esclaves pour le servir.

« Je m'étais retiré dans mon appartement situé dans les ailes du palais, attendant que la journée fut écoulée pour pouvoir aller me promener hors de la ville, lorsque tout à coup mon oreille fut frappée par une bruyante détonation accompagnée d'une seconde. Je mis aussitôt le nez à la fenêtre et je vis un spectacle que je n'oublierai jamais.

« Dans la cour intérieure du palais royal, couraient çà et là des femmes, des enfants, des vieillards, des jeunes hommes, tous parents du roi, qui sans aucune cause étaient devenus le point de mire de leur chef de famille, lequel tirait sur eux à balles, avec un fusil Remington.

« Debout près d'un balcon où se trouvaient à ses côtés ses deux ministres et les esclaves

porteurs de balais de crin pour chasser les
mouches, le roi moitié ivre, buvant toujours
de l'eau-de-vie mêlée à du champagne pour
en augmenter la force, chargeait son fusil,
tirait dans la cour, avalait une coupe de vin
alcoolisé et recommençait ce jeu sans écouter
les plaintes et les doléances des survivants
éperdus, suppliants, ne comprenant rien à une
pareille réception.

« — Qu'ils meurent! qu'ils disparaissent ces
cupides héritiers de mon trône et de ma fortune!
s'écriait le fou de plus en plus furieux.

« Et les coups de feu retentissaient de plus
belle, et les victimes tombaient lourdement
sur le sol.

« Enfin sur vingt-trois personnes vivantes
le matin, qui étaient venues comme invitées à
une fête, il ne restait plus qu'un jeune homme
que j'appris depuis être le frère du roi.

« Celui-ci était un Apollon pour la forme, un
Adonis pour la beauté du visage. Des cheveux
d'un noir d'ébène, des yeux brillants comme
des escarboucles, un port sans pareil, une élé-
gance exquise, tel était l'aspect du dernier sur·
vivant de la famille.

« — Fais-moi grâce de la vie, dit-il à son
frère, et je partirai demain pour la France à
bord d'un navire où j'ai des amis.

« — J'accepte, répliqua le souverain, mais à
une condition, c'est que tu va prendre cette ar-

5.

me et que tu atteindras au vol une pièce d'or
que je jetterai en l'air.

« — Soit !

« — Mais, je te préviens que si tu manques
le but, je te ferai trancher le tête.

« — C'est convenu.

« — Tiens ! voilà mon remington. Y es-tu ?
Attention.

« Le roi jeta en effet une pièce d'or, mais, au
même instant, il tomba mortellement atteint
en pleine poitrine.

« Son frère au lieu de viser la pièce de monnaie, avait retourné son arme contre le bourreau de tous les siens.

« — Tu ne feras plus de mal à personne,
lâche et méchant chien, dit-il à celui qui était
le fils du même père que lui.

« Les ministres et les esclaves se prosternè-
rent à genoux en demandant grâce au nouveau
monarque. Quant à moi je me présentai le lendemain à la réception du nouvel élu pour...
prendre congé de lui.

« Je m'étais dit que malgré les apparences,
celui-ci pourrait, dans un jour donné, devenir
aussi cruel que l'avait été son frère et tirer
sur ses fonctionnaires; et, comme le bon, La
Fontaine, j'ajoutais *in petto*;

Adieu donc, fi du plaisir
Que la crainte peut corrompre ! »

LE CIMETIÈRE DE SERAJEWO

Rien ne ressemble moins à un cimetière européen qu'une nécropole turque. Si dans les contrées civilisées l'asile ultime des morts est
entouré de murailles, divisé en quartiers tous
séparés les uns des autres par des allées portant
chacune un nom qui les désigne aux parents
et aux amis en quête d'une tombe où ils vont
prier et pleurer ceux qui ne sont plus; par contre, le cimetière musulman est ouvert à tous
les passants et exposé aux déprédations des
hommes, des chacals et des hyènes.

Çà et là s'élèvent des mausolées d'architecture uniforme, quatre piliers soutenant un toit
surmonté d'une coupole... La maçonnerie est
retenue par quatre barres de fer et une quadruple barrière de bois est posée entre les ogives

pour empêcher qu'on ne s'introduise sur ces dalles sous lesquelles repose le cadavre enseveli.

Jusque-là tout est bien. Ces cénotaphes réguliers sont ceux des gens riches, tandis que le commun des martyrs se contente d'un trou dans la terre, d'une pierre tumulaire et d'un cippe, au sommet duquel est sculpté un turban ou un fez.

Mais ce qui n'est plus aussi compréhensible, c'est l'abandon dans lequel les malheureux laissent leurs parents et amis, quand ils leur ont rendu les derniers devoirs. Il suffit de pénétrer dans un cimetière turc pour être convaincu de la vérité de notre assertion. Par une cause ou par une autre ces cippes, autrefois plantés au dessus de la tombe d'une personne enterrée, sont rejetés à droite, à gauche, en arrière, en avant, souvent même déracinés et couchés sur le sol, au milieu des herbes incultes. C'est le chaos, c'est l'abandon le plus complet.

On dirait autant de *menhirs* sur une côte de la lande bretonne. Une pierre s'accote sur une autre, un turban de granit ou de marbre gît brisé sur le sol. Cet effondrement général rappelle la mort et la poétise en quelque sorte, car elle rappelle aux passants que tout est poussière et que tout retourne en poussière.

Le cimetière de Serajewo est situé sur le

sommet d'une colline, à un kilomètre de la
côte. Çà et là, dans les déchirures de la roche,
ont été creusées les sépultures des morts, dans
les pierres, dans la terre, dans les fissures de la
montagne ; on a rapporté, au fur et à mesure
des inhumations, de la terre pour en couvrir
les cercueils, mais la pluie et les orages ont
arraché peu à peu les palissades, tandis que le
vent emportait les piquets retenant les cippes
et formant coin dans le granit, si bien que tout
est sens dessus dessous, dispersé, bouleversé,
déplacé. C'est à peine si cette nécropole date de
cent ans, et on croirait que trois ou quatre siècles, si ce n'est davantage, ont passé par là.

L'herbe, les ronces, ont envahi le terrain, et
servent de refuge aux chacals, qui cherchent
toujours un lambeau de chair pourrie à dévorer. C'est à peine si une vingtaine de sépultures,
ou à peu près, sont encore debout dans toute la
nécropole de Serajewo. Naturellement ce sont
les plus nouvelles. Mais encore quelques
années, et elles auront assumé l'aspect de leurs
devancières.

L'ABANDONNÉE

A quelques milles de Santa-Barbara, dans
l'océan pacifique, s'élève au dessus des vagues, comme la feuille du nymphéa, un groupe
d'îlots, séparés à peine par des canaux étroits.
Il était autrefois habité par des Indiens.

Suivant la tradition perpétuée par le témoi-
gnage de plusieurs Américains qui y ont
séjourné, ces îlots renfermaient une population
considérable.

Les natifs de ce pays faisaient de fréquentes
visites sur la terre ferme, à Santa-Barbara et á
San-Pedro, dans le but de trafiquer avec les
Indiens qui demeuraient alors au sud de ces
provinces. Les ventes et les achats se faisaient

au moyen des coquillages particuliers qui ser-
vaient de monnaie.

A l'époque où les missions de la haute
Californie étaient régulièrement établies et
prospéraient de toute manière, c'est-à-dire à la
fin du siècle dernier, le commerce était fort
étendu, et les opérations d'échange avaient
engagé les Indiens à établir une foire annuelle,
qui se tenait sur un point désigné de la côte,
et à laquelle se rendaient tous les Peaux-
Rouges des îles et de la terre ferme.

Peu à peu, grâce aux sollicitations des missionnaires, les habitants des îlots ci-dessus
mentionnés abandonnèrent leurs huttes et vinrent se fixer à Santa-Inès, Santa-Barbara,
Los-Angelos, San-Gabriel et à San-Diégo.

L'un de ces coins de terre, appelé San-Nicholas, situé au centre du groupe, à soixante
milles de Santa-Barbara, était habité par une
tribu d'Indiens qui, malgré toutes les tentatives
faites par les missionnaires dans le but de
leur faire embrasser le christianisme et d'amé-
liorer leur position et leur confort, n'avaient
jamais consenti à quitter le sol où ils étaient
nés.

Dans le courant de l'année 1865, un navire
russe vint jeter l'ancre devant la bourgade
des Indiens. Une fois à terre, les matelots se
mêlèrent aux habitants, mais s'étant bientôt
pris de querelle avec eux, ils attaquèrent ces

malheureux et les massacrèrent, à l'exception
de deux d'entre eux, qui parvinrent à se sauver dans les bois, et ils entraînèrent les femmes à leur bord.

Dix ans après cet événement, un M. Williams, qui habite maintenant le rancho del
Chino, à Los Angelos, en Californie, visita
cette île pour faire la chasse aux loutres, fort
nombreuses dans ces parages.

Encouragé par le succès de sa chasse, M.
Williams revint souvent à San-Nicholas, et
enfin, un jour, il ramena une jeune squaw
(femme) qui faisait partie de la tribu, composée
alors de dix-sept Indiens, les descendants des
deux qui avaient échappé au massacre de
leurs pères par les Russes.

M. Williams s'adressa peu de temps après
au capitaine de la goëlette, M. Hubbard, qui,
avec le consentement de ses deux armateurs,
MM. Sparke et Gomez, de Monterey et de
Santa-Barbara, mit à la voile pour aller
chercher tous les compatriotes de la protégée
du fermier chasseur, et les ramener sur la
terre ferme. Rien ne s'opposa à l'accomplis-
sement de ce projet, car les Indiens avaient
le plus grand désir de quitter leur île.

Tous étaient déjà à bord de la goëlette, dont
les matelots levaient l'ancre, lorsqu'une des
femmes, qui avait confié son enfant à un
Indien, s'aperçut qu'il n'était plus avec lui.

Elle demanda alors la permission de retourner à terre, afin de le chercher. Le capitaine y consentit. La mère infortunée se précipita à la nage, et, parvenue sur la rive, elle s'enfonça au milieu des bois, où bientôt elle disparut à tous les regards.

Deux heures après, on la vit revenir; elle fit comprendre par ses gestes qu'elle n'avait rien trouvé. Sa voix, portée par le vent, arriva jusqu'au navire, et l'un de ses compatriotes expliqua à M. Hubbard qu'elle exprimait la crainte que son enfant n'eût été dévoré par les chiens sauvages, très nombreux dans l'intérieur de l'île.

Au lieu de venir à bord de la goëlette, l'Indienne s'agenouilla sur le sable exprimant le plus violent désespoir, et enfin, soit à cause de la fatigue qu'elle éprouvait, soit à cause de sa douleur, elle s'étendit sur le sol et s'endormit profondément.

Cependant la brise avait fraîchi; bientôt les vagues devinrent si hautes qu'il était dangereux pour le navire de demeurer à l'ancre dans ces parages. Le capitaine fit déraper, et quoiqu'il regrettât de laisser cette femme seule dans l'île, il s'y vit contraint par la force des circonstances. Nul ne saurait dire quelles durent être les impressions de désespoir de cette pauvre créature, lorsque, en rouvrant les yeux, elle se vit seule, abandonnée et séparée de tous les siens.

Trois mois après, jour pour jour, la goëlette de M. Hubbard aborda l'île de nouveau ; le capitaine, à l'instigation de M. Williams, était revenu pour arracher l'Indienne à cette solitude forcée. Ce fut en vain qu'il explora l'île dans tous les sens, en compagnie de ses matelots. On ne découvrit rien, si ce n'est des empreintes de pas sur le sol. Depuis ce dernier voyage de M. Hubbard, toutes les fois que les chasseurs venaient faire leur provision de peaux de loutres, ils rencontraient les marques des pieds de ce nouveau Robinson Crusoé, mais jamais aucun d'eux n'avait eu l'occasion d'apercevoir la femme sauvage.

Dans le courant de juillet 1874, un Américain nommé Georges Niedever, qui habite depuis longtemps Santa-Barbara, vint faire une partie de chasse sur les côtes de l'île San-Nicholas. Tout à coup, en longeant le rivage, il rencontra, au détour d'un massif d'arbres, l'Indienne si longtemps perdue. Cette infortunée était assise sur un tronc d'arbre renversé, et donnait toute son attention à la préparation de peaux d'oiseaux qui, cousues ensemble, formaient les vêtements dont elle se couvrait le corps. Elle ne manifesta aucune surprise à la vue de M. Niedever qui, s'adressant à elle par des signes, mit tout en œuvre

pour se faire comprendre et lui proposa de
quitter l'île et de le suivre sur le continent.

La squaw y consentit sans se faire trop prier,
et s'occupa sur-le-champ de ses préparatifs de
départ, enveloppant dans plusieurs peaux de
bêtes les vêtements singuliers qu'elle s'était
faits, et tous les ustensiles qui lui avaient servi
pendant sa longue solitude.

La nouvelle Robinson de San-Nicholas
devint la commensale de la famille de M. Niedever à Santa-Barbara, choyée comme une
parente et heureuse autant qu'elle pouvait
l'être. Cette femme était âgée de soixante ans,
et sa simplicité ressemblait à celle d'un enfant.
Dès qu'elle arriva à Santa-Barbara, un missionnaire se présenta chez le sauveur de l'Indienne; il amenait avec lui un de ses compatriotes qui parlait deux ou trois dialectes de la
langue des Peaux-Rouges de la Californie.
Mais, à leur grande surprise, cet aborigène
ne put comprendre le langage de la sauvage,
qui n'avait point d'analogie avec ceux dont il
connaissait les mots L'Indienne donnait bien
un son particulier à chaque chose qu'on lui
présentait, mais il était impossible de la comprendre, à moins qu'elle ne s'exprimât au
moyen de gestes et de signes. Du reste, elle
paraissait fort satisfaite de sa situation, et
son plus grand plaisir était de montrer à ses
serviteurs quels moyens elle avait employés

pour arracher les racines dont elle se nou-
rissait, prendre du poisson et fabriquer ses
vêtements. On voyait cependant qu'elle était
satisfaite de se trouver avec ses semblables,
et qu'elle ne regrettait point l'époque où elle
habitait seule l'île déserte de San-Nicholas.
Une des grandes joies de cette femme était
d'examiner à loisir les chevaux et les vaches,
et tout porte à croire que, jusqu'à cette époque,
elle n'avait jamais vu d'animaux aussi énormes. Un jour, elle s'aventura jusqu'à saisir un
cheval par la queue, et sans M⁰ᵉ Niedever, qui
lui fit comprendre le danger qu'elle courait
elle serait restée exposée aux ruades du quadrupède.

Parmi les instruments rapportés par l'Indienne de San-Nicholas, les plus curieux
étaient sans contredit ceux avec lesquels elle
cousait ensemble les vêtements de peaux d'oiseaux dont j'ai parlé. Ces aiguilles, faites
avec des arêtes de poisson, prouvent jusqu'à
quel point la nécessité peut, au besoin, déve-
lopper le génie de la race humaine. Le fil dont
elle se servait n'était autre chose qu'une fibre
légère détachée des nerfs d'une baleine. Les
hameçons, employés pour la pêche, étaient
fabriqués au moyen de clous tordus et affilés,
appendus à une ligne dont la matière était
aussi composée de nerfs de baleine tressés
ensemble avec une habileté sans pareille.

Au milieu des nombreux objets qui se trouvaient dans les mains de cette Indienne, on remarquait aussi une matière crayeuse et rougeâtre semblable à de la brique tendre; mais il était impossible de deviner si cette substance était destinée, soit à préparer les peaux d'oiseaux, soit à peindre en rouge l'intérieur de ses vêtements. Le couteau dont elle se servait était fait avec un morceau de crochet de fer; elle l'avait aplati et forgé entre deux cailloux et habilement emmanché dans un des os du fémur de quelque animal; la lame n'avait pas plus d'un pouce et demi de long.

La femme sauvage avait aussi apporté avec elle une partie de ses provisions de bouche, de la viande boucanée, entre autres; mais il paraissait incompréhensible qu'elle eût pu se nourrir de cette chair empestée, dont la putridité saisissait le nerf olfactif à quarante pas de distance.

Il y avait aussi, avec cela, des racines nourrissantes, connues dans le dialecte indien sous le nom de «cacometes»; le goût de cette racine est à peu près semblable à celui de l'intérieur d'une noix encore verte. Cette femme extraordinaire était sans contredit un étrange échantillon de la race indienne, et si elle eût pu exprimer ses pensées et ses sentiments, tout porte à croire qu'elle eût ajouté un chapitre nouveau au livre de l'humanité. Pendant dix ans, cette pauvre créature avait vécu dans une île déserte, sans avoir auprès d'elle un compagnon pour partager ses chagrins, comme ses joies, ses craintes et ses espérances. A Dieu seul, qui lui donna la vie et qui l'avait protégée si miraculeusement, elle pouvait exprimer sa reconnaissance et demander aide et secours dans sa misère.

Le père Gonyalès, missionnaire de Santa-Barbara qui s'intéressait beaucoup au sort de sa néophyte, avait dessiné son portrait. Les habitants de Santa-Barbara donnèrent de nombreuses preuves d'intérêt à cette femme extraordinaire, et tous, les uns après les autres, allèrent la voir chez son hôte.

Plusieurs montreurs de curiosités ont essayé de s'emparer de la Crusoé de San-Nicholas pour l'amener aux États-Unis, et la faire voir dans les villes pour de l'argent, mais la famille Niedever a toujours refusé de donner son consentement au départ de cette infortunée. Tous ceux qui s'intéressaient à son sort préféraient pour elle la tranquillité et le bien-être domestiques, à tous les dollars que les Barnums américains pouvaient lui offrir.

UN SAUVETAGE

Il faut rendre justice à qui de droit, mais aux Anglais et aux Américains nous offrons la palme pour tout ce qui a rapport aux sauvetages et aux moyens employés sur les côtes pour venir au secours des naufragés, prévenir les sinistres et, enfin, quand ces malheurs sont arrivés, arracher à la mort tous ceux que la mer a engloutis.

Nous nous bornerons aujourd'hui à raconter ce que nous avons vu sur les rives américaines où l'on rencontre, à la distance de trois lieues l'une de l'autre, des stations de sauvetage, composées d'une cabane solidement construite, dans laquelle on trouve un bateau pouvant être manœuvré par sept hommes, le chariot qui le portera sur le point où l'épave est en péril, les cordages, les torches, les lanternes, les fusées, bref, tout ce qui a trait à la charitable institution du *Life saving service*.

Ajoutons à tout ce qui précède que dans l'intérieur de la cabane, on a ménagé une salle avec poêle pour chauffer, tables, chaises, lits de camp et boîtes à médicaments, liqueurs réchauffantes, indispensables pour rendre des forces, et souvent ramener à la vie les infortunés asphyxiés par l'immersion.

Le chef, et les six hommes qu'il commande, appartiennent à la fleur des pois des marins de la côte et du pays, et leurs fonctions durent près de sept mois de l'année, c'est-à-dire depuis septembre jusqu'à mai. Généralement, les mois de juin et de juillet ne sont pas exposés à des tempêtes dangereuses. La mer est belle et les orages rares, mais si ce calme relatif permet aux matelots de la station de faire des absences, ces stations ne sont pas abandonnées; il reste toujours deux ou trois hommes à leur poste.

La profession de sauveteur n'est pas une sinécure, et d'ailleurs n'entre pas dans la confrérie qui veut s'y créer une position. Les hommes qui se dévouent à arracher leurs semblables à la mort sont généralement dressés à ce travail humanitaire dès leur plus tendre enfance. Leur étude principale consiste à sur-

monter les vagues et à ne point se laisser
écraser par elles. Ce talent obtenu a demandé
de longues expériences, et de nombreuses chu-
tes à la mer ont suivi les tentatives des appren-
tis; mais peu à peu leur adresse s'est dévelop-
pée; ils sont arrivés à leurs fins et ont été
admis dans la confrérie.

A dater de ce moment, la vie des sauveteurs
est loin d'être agréable. La nuit, ils se dirigent
en patrouilles à droite et à gauche de leur
station, et vont sur la plage jusqu'à ce qu'ils
rencontrent le matelot de la station voisine.
En cas de mauvais temps, cette patrouille
nocturne se prolonge pendant la journée. Qui-
conque forfait à son devoir, même une seule
fois, est renvoyé de la société des sauveteurs
et ne peut être pardonné; c'est-à-dire rentrer
en fonctions après un exil temporaire.

Vous voyez d'ici, amis lecteurs, ces hommes s'avançant souvent à grand'peine, sur le
sable ou sur les galets, courbés en deux contre
le vent et la vague écumante. Quelques-uns
tombent, et, s'ils se sont blessés ou ne peuvent
se relever, deviennent alors la proie des
vagues ou des températures abaissées.

Dès qu'un sauveteur en patrouille a découvert un navire ou une embarcation sombrant
sur la côte, il commence par allumer des
signaux, de façon à éveiller l'attention de ses
camarades éloignés et celle des naufragés, qui

6

savent, dès lors, que l'on va s'occuper d'eux.

En effet, il se hâte de retourner à la station où l'on met le bateau à l'eau, soit au moyen d'un cheval, ou si l'animal n'est pas trouvable dans la ferme la plus proche, les six matelots s'attèlent eux-mêmes au chariot et le tirent jusqu'à la mer, tandis que le chef pousse par derrière.

Enfin l'embarcation est mise à flot sur le point le plus rapproché du sinistre. Elle est souvent renversée par les vagues, et les hommes jetés à la mer font force de bras, se soulèvent sur l'onde à l'aide des ceintures de liège qui les enveloppent et les font flotter. Il s'agit de relever l'embarcation et de la ramener sur la voie indiquée.

Tandis que ceci se passe, d'autres hommes mettent le feu au canon qui lance des cordes au delà du navire naufragé. Dès que ce câble a été touché par l'équipage en danger, on entend un cri de joie. C'est celui de l'espérance, qui est rentrée au cœur des malheureux naufragés. La corde tendue sur une ancre, ouvre une communication directe entre l'épave et la rive. C'est sur ce câble que roulera la poulie à l'aide de laquelle les naufragés pourront, à tour de rôle, nouer autour de leur corps la ceinture de sauvetage et se glisser jusqu'à terre.

Cette ceinture de sauvetage est le moyen le plus sûr pour conduire sains et saufs les malheureux qui défendent leur vie contre les horreurs de la tempête. Les enfants, les femmes surtout y ont recours et sont ainsi attirés sur la plage, malgré la rage du vent et de la mer. Dans un certain naufrage, — celui de l'*Arexshire*, — qui eut lieu sur les côtes du New-Jersey, on put sauver deux cent une personnes à l'aide de la bouée en question, sans compter toutes les marchandises précieuses que l'on arracha aux étreintes des vagues, la malle aux lettres et une somme d'or et d'argent monnayé appartenant au gouvernement de Washington.

Le sauvetage du navire et de ceux qui le montent n'est pas le seul travail des hommes employés à ces occupations humanitaires. Lorsque les naufragés ont été ramenés à la côte, ils sont à moitié morts, dans l'impossibilité de se mouvoir et de se défendre souvent contre les envahissements de la mer. Il faut en transporter à la station, les réchauffer devant un bon feu, leur donner des vêtements secs, leur faire rendre l'eau avalée. Tous ces soins exigent une énergie sans pareille. Si dans le nombre des malheureux, il en est qui paraissent noyés, il est du devoir des sauveteurs d'employer toutes les ressources imaginables pour rappeler ces pauvres diables à la vie, les faire dégorger, leur insuffler l'air nécessaire pour rendre le mouvement aux poumons. Les sauveteurs américains s'acquittent de ces devoirs avec un zèle qui mérite une mention toute particulière à la reconnaissance de ceux près desquels ils sont exercés.

Il est à remarquer que tous ces sauveteurs sont des gens d'une grande moralité et d'une religion invétérée. Ils ne s'enivrent jamais et ne blasphèment point. Leur grand plaisir est de lire à leurs heures de loisir, et de s'instruire en se récréant le cœur et l'esprit.

Le plus remarquable sauvetage qui ait jamais eu lieu est celui du *Kihamey*, sur les côtes d'Irlande en 1848, le 19 du mois de janvier. Le navire avait quitté Cork, la veille, au matin, en essayant, mais en vain, de « monter » dans la pleine mer. Mais le brouillard couvrait la plage et l'océan : on n'y voyait pas à dix mètres devant soi. Un grand nombre de bestiaux placés sur le pont furent emportés par les vagues, et, dans l'intérieur du navire, les meubles furent brisés, la vaisselle réduite en tessons. La machine à vapeur avait cessé de fonctionner et le capitaine ne sachant pas comment dirriger son navire était en proie à la plus terrible anxiété.

La nuit se passa dans les plus terribles angoisses. Le lendemain matin, le bruit se répandit, parmi les gens de l'équipage et les

passagers, que le capitaine songeait à mettre
le cap sur la terre pour retourner à Cork. On
voyait la côte à cinquante mètres au moins du
point où l'on se trouvait.

Vers midi, l'ouragan se déchaîna plus violent
que la veille, mais, grâce aux efforts de l'équipage et aux ordres de son chef, le navire se
comporta assez bien. Toutefois l'eau avait
envahi la machine, et il fallait des efforts inouïs
pour l'épuiser, afin de rallumer les feux. Vers
le soir le lieutenant du *Kihamey*, monté dans
un hauban, s'écria : « Terre à bâbord ! »

Tout l'équipage et les passagers tressailli-
rent ; il s'agissait de savoir à quel point on se
trouvait. Si le capitaine voulait rentrer à Cork,
ce désir était irréalisable, car les voiles étaient
complètement déchirées et les deux machines
ne fonctionnaient plus.

A la nuit venue, le pauvre navire vint heurter un rocher, et, au milieu du désordre qui se
produisit à bord, deux passagers furent enle-
vés par les vagues. Au même instant, les
machinistes étaient remontés sur le pont, afin
d'aider les passagers à se sauver et pour pour-
voir aussi à leur sûreté. Chacun se mit aux
pompes, et la nuit se passa de la sorte, au
milieu des plus poignantes angoisses.

Au point du jour, on parvint à rallumer les
foyers, mais ce dernier effort était inutile, le
Kihamey était ingouvernable, et il alla heurter,

une seconde fois, les rochers contre lesquels
il se désempara de fond en comble.

Chaque passager s'empara alors de ce qui se
trouva sous sa main : caisses, planches, cages
à poules, etc. Les uns se dépouillaient de leurs
vêtements, afin de pouvoir mieux nager; les
autres, dédaignant un pareil moyen, se conten-
taient de se cramponner aux cordages, et aux
mâts, se résignant à leur sort et attendant la
fin ou plutôt le dénoûment du sinistre.

Tout à coup un bruit épouvantable se fit
entendre, suivi de cris désespérés. Le navire
éclatait en morceaux. Quelques passagers
parvinrent à se hisser sur le rocher contre
lequel le *Kihamey* s'était brisé. D'autres furent
balayés et emportés par les vagues furibondes.

Tous ceux qui étaient parvenus à se grouper
sur le rocher durent se résigner à souffrir
cruellement. La température était glaciale; la
pluie tombait par torrents, et ces malheureux
se voyaient obligés de se cramponner aux aspé-
rités de la roche contre lesquelles la mer les
martelait en déferlant avec furie. Nuit inferna-
le! nuit sans pareille, pendant laquelle la mort
choisissait ses victimes!

Lorsque le jour parut et vint éclairer le
rocher, les survivants du naufrage du *Kihamey*
s'aperçurent qu'ils étaient sur un immense
rocher placé au centre d'une baie profonde.

Sur les falaises qui dominaient ce havre, une

foule, composée de paysans et de gentlemen du voisinage, contemplait avec terreur cet horrible spectacle.

Un fait curieux à signaler, parce qu'il peint les mœurs des riverains irlandais : c'est qu'un certain nombre d'entre eux vint, sous les yeux des infortunés naufragés, piller l'épave et emporter des débris de toute sorte.

Personne d'abord n'avait pris l'initiative de porter secours aux malheureux naufragés ; mais, à la fin, un homme de cœur parla du sauvetage, et, sollicitant l'aide des marins accourus sur la côte, il mit en œuvre tous les moyens possibles pour arriver à un résultat. La journée du dimanche se passa cependant en essais infructueux. La nuit suivante fut encore bien terrible pour les naufragés : ils souffraient de la faim et de la soif, et l'un de ces infortunés s'étant jeté à la mer pour se rendre à la côte, fut brisé contre les récifs.

Tandis que ceci se passait, les gens qui avaient commencé les essais de sauvetage, s'ingéniaient à faire passer un câble, du promontoire au rocher, de façon à obtenir une communication sûre.

On réussit enfin, et les naufragés poussèrent un cri de joie quand ils purent toucher la corde qui reposait sur le roc. Par malheur, tout ce travail avait pris une longue journée ; la nuit était venue, et il était impossible de

songer à opérer le transport des infortunés
avant le lendemain matin.

Quand l'aube se leva, un désappointement
inattendu vint frapper de terreur les naufragés.
La corde avait été coupée par le frottement,
sur l'arête vive de la falaise. Les nobles cœurs
qui voulaient sauver leurs semblables conçu-
rent alors le plan de faire passer un câble
d'une falaise à l'autre, et il fut convenu qu'on
le lancerait au moyen d'un obusier. Ce moyen
fut approuvé et eu un grand succès.

Une heure après, la communication était
obtenue entre les sauveteurs et les hommes à
sauver. On commença par faire passer à ces
derniers des cordiaux et du pain, contenus
dans une sorte de nacelle, et dans ce même
véhicule l'on plaça un papier sur lequel les
sauveteurs avaient tracé toutes les instructions
pour arriver à un heureux résultat.

Il s'agissait d'assujettir seulement le câble
sur le rocher, de façon à ce que nul accident
ne pût arriver. Les naufragés s'empressèrent
d'agir de la sorte, et, lorsque tout fut prêt, on
plaça dans la nacelle une dame qui parvint
saine et sauve au milieu des sauveteurs, sur
le haut de la falaise.

Tous les autres passagers réussirent à quitter le rocher de la même façon. Le capitaine du
Kihamey était resté le dernier, comme il l'eût
fait à bord de son navire.

Des cinquante personne qui avaient quitté Cork, pour s'embarquer sur le *Kihamey*, vingt-cinq, au moment où le navire s'était brisé, avaient été jetées à la mer et avaient réussi à se hisser sur le rocher. Hélas! de ces malheureux quatorze seulement vivaient encore; les autres étaient morts, emportés par la maladie ou balayés par les vagues.

L'endroit où avait eu lieu cet horrible sinistre, se trouve à cinq milles de Robbert's Cork.

Deux semaines après le naufrage du *Kihamey* la mer emporta la plus grande partie du rocher de la baie, si bien qu'à cette heure on ne voit plus à cet endroit qu'un récif contre lequel les vagues viennent se briser avec un bruit épouvantable.

Les anglais ont écrit sur ce sujet funèbre un drame dont l'intrigue est assez intéressante. Nous l'avons vu représenté, il y a dix à douze ans, sur le théâtre du *Lyceum* du Strand, alors qu'il était dirigé par notre excellent acteur Fechter.

Le sauvetage du rocher était représenté d'une façon graphique et le décor ne laissait rien à désirer.

6.

LA PÊCHE DES PERLES

La perle — que nos lecteurs veuillent bien
nous permettre de le leur redire — est le produit de la sécrétion nacrée de quelques huîtres, qui, pour se débarrasser d'un insecte
qui veut pénétrer à travers leurs écailles,
dans l'intérieur de leur valve, enveloppent à
l'aide de cette exsudation ces objets qui les
gênent ou les menacent. Si l'on coupe une
perle en deux, on reconnaît qu'elle est formée
de couches concentriques et l'on trouvera, au
milieu, le corps étranger qui en a déterminé
la formation.

C'est pour cela que l'industrie humaine s'est
ingéniée à produire des perles, et, pour arriver
à ce résultat, il a suffi d'altérer, en les piquant,

certaines coquilles, et, dès lors, l'animal,
sentant la nécessité de réparer sa maison,
accumule à l'endroit où le dégât est commis
la matière calcaire que sécrète son manteau.
L'abondance de cette matière produit alors une
callosité qui devient une véritable perle. Les
Indiens connaissent ce moyen factice de produire des perles et ce procédé est encore employé
en Allemagne, le long des grands affluents de
la rive gauche du Rhin, où l'on a essayé de
parquer des coquillages perliers pour les
exploiter régulièrement.

Les huîtres se nomment des *pintadines* ou
mère-perles, et elles produisent énormément
dans certains pays. Ce sont elles, d'ailleurs,
qui donnent les meilleures et les plus belles
perles, celles dont le prix est élevé à cause de
leur régularité et de leur grosseur.

On trouve également ces jolis globules dans
les coquillages nommés « avicules », « patchés »
et « héliotides ». Ces dernières mêmes offrent
aux yeux des couleurs irisées très estimées.

Il y a des pêcheries en Amérique, aussi bien
que dans les Indes. Dans ces derniers parages,
c'est sur la côte de Ceylan que l'art de pêcher
les perles est connu depuis la plus haute
antiquité. Cette occupation commence en
février et finit en avril. Le pêcheur, muni d'un
filet en forme de sac et lié par une corde,
plonge au fond de la mer, remplit son filet de

coquilles et, après deux ou trois minutes, donne le signal pour qu'on l'aide à remonter. Il reparaît alors à la lumière, en rendant quelquefois le sang par le nez et les oreilles. Chaque plongeur renouvelle jusqu'à cinquante fois par jour cette opération.

On rassemble les coquilles sur des nattes entourées de palissades, et, quand la chair est morte et tombe en putréfaction, on se met à la recherche des perles.

A Condalchy, dans le golfe de Mannuar, de l'île de Ceylan, se trouve la plus importante pêcherie de perles. Elle couvre un espace de vingt milles, et ce banc d'huîtres est mis en coupe réglée, comme le serait une forêt sur notre continent, ou comme le sont les bancs de coraux sur la côte de Sicile. Il est partagé en sept parties que l'on exploite successivement chaque année. On a calculé que les bivalves d'où l'on extrait les perles atteignent toute leur grandeur dans cet espace de temps et que si on les laissait plus longtemps, les perles leur deviendraient incommodes au point qu'ils les expulseraient de leurs coquilles.

Toutes les barques que l'on emploie à la pêche doivent être autorisées par le gouvernement, à qui elles ont payé un droit. Elles se rassemblent au jour convenu, vers dix heures du soir, dans la baie de Condalchy, afin de partir de conserve pour se trouver à la pointe du jour sur le banc, où se fait la pêche. Chaque barque, outre le patron, est montée par vingt hommes, dont dix rameurs et dix plongeurs. Ceux-ci, qui se sont habitués à ce métier dès l'enfance, viennent en général de Colang, sur la côte de Malabar, et de l'île de Magyar. Ils se partagent en deux bandes égales en nombre qui plongent et se reposent alternativement.

Les plongeurs, armés d'un sac, comme je l'ai déjà dit, se suspendent à une corde attachée à leur ceinture et terminée par une pierre, et, le long de la gâche, est fixée par quelques anneaux cousus dans la corde même une seconde corde amarrée à la barque, au moyen de laquelle ils indiqueront le moment où il faudra les aider à remonter.

Au moment de plonger, le pêcheur prend entre les doigts de pied la corde au bout de laquelle est la pierre et saisit la corde d'appel de la main droite, tandis qu'il se bouche les narines avec la main gauche.

Au bout de deux, de quatre, de cinq et même de six minutes, — ce qui est fort rare et dépend de l'habileté du plongeur, — celui-ci se fait remonter, en tirant sa corde d'appel, par les hommes qui se tiennent toujours en éveil sur les bords de l'embarcation. Chaque plongeur peut répéter cinquante fois par jour la même opération. La pêche continue ainsi depuis le lever du soleil jusqu'à midi ; à ce moment, un

nouveau coup de canon avertit les barques
qu'il faut revenir au point du départ. Là, les
propriétaires de la pêche ou du gouvernement
font déposer les coquilles dans des espèces de
puits d'un ou deux pieds de profondeur, ou bien
encore sur des nattes entourées de palissades.

Après quelques temps, lorsque les mollus-
ques sont morts et que l'on juge à propos
l'ouverture de leurs coquilles, on cherche
alternativement dans celles-ci et dans l'animal
lui-même, — c'est-à-dire dans les lobes de
son manteau, quelquefois même en le faisant
bouillir, — les perles qui pourraient s'y trouver. On choisit, en outre, les plus belles coquilles propres à fournir la nacre et on laisse le
reste. Quant aux perles adhérentes à la coquille,
on les détache et ensuite des ouvriers les
arrondissent les polissent à l'endroit de leur
adhérence, au moyen d'une poudre fournie
par les perles elles-mêmes.

Il faut environ sept cents quintaux de coquilles pour obtenir une livre de perles. Dix livres
de perles annuelles représentent donc 7,000
quintaux de coquilles. Mais il y a tant de
plongeons inutiles, de déboires et de non
valeurs, qu'il faut compter avec cette pêche aux
huîtres perlières. Quelques plongeurs peu
honnêtes ont trouvé le moyen d'ouvrir des huîtres au fond de la mer, d'en arracher des perles
et de les avaler, puis, en remontant, ils disent

ne rien avoir trouvé. Mais la perle, quand elle a passé par le canal digestif, est altérée et se reconnaît facilement. D'autres cachent l'objet de leur vol dans une « partie secrète » de leur corps, et alors la perle garde son éclat ; mais il faut être très habile pour opérer ce truc et ne pas remonter les mains vides.

Mais les patrons des embarcations, quand ils soupçonnent qu'un de leurs plongeurs a commis un larcin, se hâtent de lui faire avaler, de gré ou de force, une sorte de vomitif qui provoque une expectoration immédiate.

Ce qu'il y a de plus terrible dans la pratique de cette pêche des perles, c'est la rencontre faite sous l'eau par un plongeur des squales si dangereux pour l'homme. Ces poissons, très rares dans le golfe de Condatchy en temps ordinaire, y pullulent au moment de la pêche des perles. Ils s'installent sur les bancs et n'en bougent pas. On les voit apparaître à la surface de l'eau, trahissant leur présence par l'aileron qu'ils ont sur le dos et qui dépasse presque toujours le liquide salé. Ce petit triangle frémissant et humide, qui a la forme d'une petite voile latine, est l'objet de la surveillance incessante des guetteurs. De temps en temps, un requin impatienté se rue sur le théâtre de l'action avec un vitesse de locomotive, et tout aussitôt s'élève un concert de clameurs assourdissantes. Les plongeurs, avertis par le

bruit et les chocs donnés au fond des barques,
lâchent leurs coquilles et remontent le crick au
poing, sur la défensive. Généralement le
monstre ahuri par tant de tapage, s'enfuit
comme une flèche entre deux barques et va
rejoindre ses compères qui croisent un peu
plus loin. Il n'y a réellement que le couteau
qui puisse venir à bout d'un requin : ce squale
reçoit une balle de fusil ordinaire à trente pas
sans broncher.

Un autre poisson très redouté des plongeurs
est la *tintrera*, espèce « d'ange » ou de « diable «
de mer, poisson plat, large, immense et très
avide de chair humaine. Ce poisson, dont la large
mâchoire est très redoutable, possède aussi une
action électrique. Les Indiens parlent avec terreur de l'engourdissement que l'on ressent
lorsqu'on se défend contre une *tintrera*,
engourdissement qui vous laisse à sa merci.
Comme l'ennemi vient entre deux eaux, les
plongeurs ne peuvent pas être prévenus par
les guetteurs et, quelle que soit leur habileté,
ils sentent leurs tempes battre, leurs oreilles
bourdonner, et la compression se fait dans leurs
poumons. Voici comment procède la *tintrera*.
Elle s'installe sur le fond du banc d'huîtres,
s'aplatit sur le sable, avec lequel elle se confond
bientôt. Puis, quand arrivent les embarcations,
le premier pêcheur qui tombera à sa portée
verra soudain l'eau s'obscurcir autour de lui,

et ses mouvements seront paralysés par un
choc qu'il éprouvera aussitôt. Le monstre
enveloppe alors sa victime et l'étouffe comme
dans une couverture ; puis il l'entraîne non
loin de là et, s'aplatissant sur le plongeur,
l'étouffe avant de le dévorer. Ce drame maritime si sombre pourrait impressionner des
imaginations encore moins portées à la supersti-
tion que celle de l'Indien, qui voit dans la
« lintrera », dans sa phosphorescence singulière
et l'action électrique dont elle est peut être le
résultat, quelque chose de surnaturel.

Il y a encore la « scie », autre squale moins
redouté, les pieuvres, quelquefois énormes,
dont les pêcheurs de Condalchy se soucient
peu, car ils savent comment leur percer la
poche vitale et les réduire aussitôt à la plus
grande impuissance.

Mais les Ceylanais sont très superstitieux ;
ils voient du surnaturel en toutes choses, et je
terminerai ce chapitre par une histoire authen-
tique, arrivée, il y a un an, dans la baie de
Colang, sur la côte de Malabar. On citait dans
ces parages, parmi les habiles plongeurs, un
beau jeune Ceylanais du nom de Noahly, qui
devenu fort riche à ce métier-là, portait hors
de l'eau un splendide costume, et, quand il se
jetait dans le propice élément, n'y plongeait
jamais qu'en portant à son cou, à ses bras et
à ses rotules, des colliers de coraux ouvragés.

Noahly était attaché à la barque d'un certain Moorah, homme de grand courage, qui avait longtemps fait le métier de plongeur, et qui, ne pouvant plus continuer, eu égard à des étouffements qui lui faisaient perdre la respiration, avait acheté une barque et loué des hommes pour l'aider à la cueillette des huîtres perlières.

Noahly était le plongeur favori de Moorah, et tous deux s'aimaient comme deux frères. Ils partageaient la même couche, mangeaient ensemble et ne se quittaient jamais.

Par un beau jour de mai, Noahly, qui avait déjà opéré cinq immersions dans les profondeurs du golfe de Colang, remonta tout à coup à la surface de l'eau et s'écriant:

— La reine des eaux! la reine! je l'ai vue! elle est là.

Pressé de questions par Moorah et ceux qui se trouvaient près de lui, Noahly déclara que parvenu au fond de la baie, au moment où il ouvrait les yeux pour ramasser les huîtres perlières, il avait vu, à un mètre de distance, une créature d'une beauté sans pareille, revêtue d'ornements dorés, couverte de pierreries, les yeux noirs grands ouverts, tendre vers lui ses bras nus et semblant vouloir l'attirer à elle en lui souriant. Le premier mouvement de Noahly avait été celui de la stupeur; mais il avait réfléchi sur-le-champ que la reine des eaux allait

l'entraîner dans ses grottes profondes et qu'il
ne reverrait plus Coméa sa fiancée. Se reculant
aussitôt, il avait tiré la corde pour remonter à
la surface.

— Elle est belle, ajoutait Noahly, comme
une houri du ciel de Mahomet.

Moorah traita son ami de visionnaire ; et lui
dit qu'il s'était trompé et que rien n'était moins
vraisemblable qu'une reine des eaux ; Noahly
répliqua qu'il savait ce qu'il disait, et il ajouta
que, s'il n'aimait pas Coméa, il adorerait la
créature divine qu'il avait aperçue au fond
du golfe.

Quoi qu'il en fut, il déclara qu'il ne descen-
drait plus ce jour-là pour pêcher des perles.

Rentré sous la cabane de roseaux qui abritait
Moorah et où il habitait également, Noahly refu-
sa de prendre aucune nourriture : il semblait
préoccupé, et, quand l'heure de se coucher
fut venue, il s'étendit sur sa natte et demanda
au sommeil l'oubli de ses préoccupations. Ses
paupières se fermèrent, mais ce fut pour rêver,
et il songea à la vision sous-marine qui l'avait
si vivement impressionné. Moorah, qui reposait
aux côtés de son ami, l'entendait parler d'une
voix confuse et enfin il l'entendit dire ces
paroles :

— Il faut que je la revoie ! je l'aime.

Le lendemain matin, Moorah rappela à son
ami les mots qu'il avait dits pendant son som-

meil. Noaly ne répondit pas à cette invite à la causerie, et il suivit Moorah pour se rendre au travail quotidien.

Arrivé sur l'emplacement habituel de la pêche, il demanda à Moorah la faveur de descendre le premier et, en effet, s'emparant de la double corde, Noahly se laissa tomber dans la mer et disparut au milieu d'une vague qui se referma sur sa tête.

Cinq minutes s'écoulèrent et Noahly ne remontait pas à la surface ; il semblait se complaire au fond de la baie. Moorah s'inquiétait d'une prolongation de séjour aussi insolite ; l'inquiétude s'empare de lui.

— Va, dit-il à un autre plongeur, savoir, si tu le peux, ce qu'est devenu Noahly.

Sans répondre un mot, cet Indien se précipita dans l'océan et disparut comme une pierre au fond de l'eau : trois minutes après la corde de remonte s'agitait, et Moorah retirait le plongeur qui, à peine parvenu à la surface, offrit à la vue un visage bouleversé.

— J'ai vu Noahly, fit-il enfin en proie à la plus grande terreur et en laissant ses dents claquer à son aise. Il est devenu la proie de la reine des eaux.

Cette narration paraissait insensée à Moorah, qui voulut avoir le cœur net de cette histoire fantastique. Il appela trois plongeurs qui se trouvaient à l'avant de l'embarcation et leur dit :

— Vous êtes les amis de Noahly: vous ne la laisserez pas ainsi au fond de l'eau, et je compte sur vous pour descendre aussitôt et pour aller le chercher: il faut le ramener et l'arracher à la divinité marine qui veut l'entraîner dans son royaume ; jurez de ne revenir qu'avec lui.

Tous les trois levèrent la main et firent le serment demandé. Puis d'un bond ils se jetèrent dans les profondeurs de l'abîme, et disparurent à tous les yeux.

Quatre minutes s'écoulèrent, — Un siècle pour Moorah qui attendait le résultat de cette immersion à la recherche de son ami.

Enfin une rumeur se manifesta à quelques mètres sous l'eau; et bientôt on vit la tête du premier plongeur, puis celle du second et enfin les bras du troisième. Au milieu de ces hommes courageux s'élevait un amas informe qui parut bientôt hors de l'eau : c'était une femme revêtue d'un costume oriental, couverte de pierreries et la tête ornée d'une tiare d'or et de diamants, qui tenait entre ses bras le beau Noahly raidi par la mort.

La femme retirée ainsi du fond de la mer n'était plus elle-même qu'un cadavre; mais la putréfaction n'avait point encore détruit sa beauté, si réelle que dans aucun pays du monde on n'eût pu voir des formes plus belles, des traits plus fins et plus délicats.

Celle que le pêcheur de perles Noahly avait prise pour la reine des eaux n'était qu'une épave de la mer, apportée jusque dans ces parages par des courants sous-marins.

Qui était-elle?

Moorah fit transporter à terre les deux cadavres qui, par ses soins, furent embaumés et ensevelis dans la même pagode.

Le mystère était difficile à résoudre: la belle inconnue, la noyée du golfe de Colang, était étrangère à tous ceux qui étaient venus examiner ses restes mortels.

Un jour, un mois après ce terrible événement, un palanquin porté par quatre Indiens, précédé et suivi d'une foule d'esclaves s'arrêta devant la porte de la cabane de Moorah. Un des serviteurs du riche propriétaire de ce palanquin s'approcha du chef de la pêcherie de Colang et lui demanda, de la part de son maître, s'il n'avait pas vu dans ses parages une houri du ciel, qui avait disparu depuis un mois de la maison paternelle.

— Aucune femme n'a passé dans ces lieux depuis un an, répliqua Moorah, sauf les habitantes du village que nous connaissons toutes.

— Mais ce n'est pas d'elles qu'il s'agit, ajouta le serviteur: je te parle, fit-il, d'une beauté sans pareille, d'une fille de roi. Mon maître est le souverain suprême de l'île de Ceylan : sa fille unique a disparu depuis trente-cinq lunes, et il la demande à tous ses sujets. Où est la belle Nooro ?

Ces paroles réveillèrent les souvenirs de Moorah : il raconta au roi des Cingalais les événements qui s'étaient passés dans la baie de Colang. On ouvrit le cercueil enterré dans la pagode et le père infortuné retrouva celle qu'il pleurait, décomposée, horrible à voir malgré les aromates dont on l'avait couverte. Mais son costume intact, ses bijoux, ne laissaient point de doute sur l'authenticité de ses restes adorés.

Nooro, embarquée à bord d'une jonque se rendant à Jaggernanth pour un pèlerinage, avait disparu en vue du golfe aux huîtres perlières, et le navire était revenu au port, dès qu'il s'était aperçu de l'absence de la maîtresse du bord.

C'est alors que le roi, qui ne pouvait se décider à croire à un malheur, et qui espérait que Nooro avait été sauvée par une embarcation, ou bien s'était dirigée à la nage vers la côte, avait entrepris la recherche qui se terminait à Colang.

On fit à la fille du roi de Ceylan des funérailles dignes de son rang : quant au pêcheur de perles Noahly, il resta enseveli tout seul, loin de celle pour qui il avait sacrifié sa vie et oublié sa fiancée.

———

LIMOGES. — CHARLES BARBOU, IMPRIMEUR-ÉDITEUR.

www.ingramcontent.com/pod-product-compliance
Lightning Source LLC
Chambersburg PA
CBHW071804090426
42737CB00012B/1938